明文堂編輯部 校閱

詳密註釋 通鑑諺解

【卷之十五】

明文堂

詳密註釋 通鑑諺解【卷之十五】目次

詳密註釋 通鑑諺解 卷之十五

唐紀

宣宗(名忱憲宗第三子) 在位十三年 壽五十(精於聽斷以察爲明無復仁恩自是而唐衰矣)

(丁卯)大中元年이라初에李德裕ㅣ執政에引白敏中ᄒᆞ야爲翰林學士러니及武宗이崩에德裕ㅣ失勢ᄒᆞ니敏中이乘上下之怒ᄒᆞ야竭力排之ᄒᆞ더라敏中이秉政에凡德裕所薄을皆不次用之ᄒᆞ고德裕ㅣ尋貶潮州司馬ᄒᆞ다

大中元年이라쳐음에李德裕ㅣ政을執ᄒᆞᆷ의白敏中을引ᄒᆞ야翰林學士을삼아더니 밋武宗이崩ᄒᆞ미德裕ㅣ勢을失ᄒᆞ니敏中이上下 에怒을乘ᄒᆞ야力을竭ᄒᆞ야排之ᄒᆞ더라敏中이政을秉ᄒᆞᆷ의무릇德裕에薄ᄒᆞᆫ바을다不次로用ᄒᆞ고德裕ㅣ즉시潮州司馬로貶ᄒᆞ다

(戊辰)二年이라二月에以知制誥令狐綯로爲翰林學士ᄒᆞ다上이

嘗以太宗의所撰金鏡錄으로授綯使讀之ᄒᆞ시 至亂ᄂᆞᆫ 未嘗不任不肖오至治ᄂᆞᆫ 未嘗不任忠賢이라ᄒᆞ야ᄂᆞᆫ 上이 止之曰凡求致太平은當以此言으로爲首ㅣ라ᄒᆞ고 又書貞觀政要於屛風ᄒᆞ고 每正色拱手而讀之ᄒᆞ더라 秋九月에 再貶李德裕ᄒᆞ야爲崖州司戶ᄒᆞ야卒ᄒᆞ다

二年이라二月에知制誥令狐綯로써翰林學士을삼다上이일즉니太宗에撰ᄒᆞᆫ바金鏡錄으로써綯을授ᄒᆞ야하야금讀할식至극히亂ᄒᆞᆷ은未嘗不不肖에任ᄒᆞ고至극히治ᄒᆞᆷ은未嘗不忠賢에任ᄒᆞ다ᄒᆞ야ᄂᆞᆫ上이止ᄒᆞ야曰무릇太平을求致ᄒᆞᆷ은當히此言으로써首을ᄒᆞ다ᄒᆞ고또貞觀政要를屛風의書ᄒᆞ고每양正色ᄒᆞ고拱手ᄒᆞ야讀ᄒᆞ더라秋九月에李德裕을再히貶ᄒᆞ야崖州司戶을삼아서卒ᄒᆞ다

(己巳)三年이라 閏十月에 宰相이 以克復河湟으로 請上尊號어늘 上曰憲宗이 常有志復河湟호대 以中原이 方用兵으로 未遂而崩이러니今乃克成先志耳로라

三年이라閏十月에宰相이河湟을克ᄒᆞ야復함으로써尊號上ᄒᆞ기을請ᄒᆞ거늘上이日憲宗이항상河湟을復할志가有호ᄃᆡ中原이바야흐로兵을用함으로써遂치못ᄒᆞ

고崩이러니이데이에先志을克成ᄒᆞ얏로라

(甲戌)八年이라秋九月에上이獵於苑北ᄒᆞ실서遇樵夫ᄒᆞ야問其縣ᄒᆞ니曰涇陽人也로소이다令이爲誰오曰李行言이니이다爲政이何如오曰性이執ᄒᆞ야有强盜數人이匿軍家ᄒᆞ야索之竟不與어늘盡殺之ᄒᆞ니이다上이歸ᄒᆞ야帖其名於寢殿之柱ᄒᆞ다

八年이라秋九月에上이苑北에獵ᄒᆞ실시樵夫을遇ᄒᆞ야其縣을問ᄒᆞ니曰涇陽에人이로소이다令이誰가爲ᄒᆞ여ᄂᆞᆫ요曰李行言이니이다政을爲ᄒᆞ미엇더ᄒᆞ요曰性이執ᄒᆞ야强盜數人이有ᄒᆞ야軍家에匿ᄒᆞ얏거ᄂᆞᆯ索ᄒᆞ야마참ᄂᆡ與치아니ᄒᆞ거ᄂᆞᆯ다殺ᄒᆞ얏ᄂᆞ니이다上이歸ᄒᆞ야其名을寢殿의柱에帖ᄒᆞ다

冬十月에行言이除海州刺史ᄒᆞ니入謝어늘上이賜之金紫ᄒᆞ고問曰卿이知所以衣紫乎아對曰不知니이다上이命取殿柱之帖ᄒᆞ야示之ᄒᆞ다

冬十月에行言이海州刺史을除ᄒᆞ니入ᄒᆞ야謝ᄒᆞ거ᄂᆞᆯ上이金紫을賜ᄒᆞ고問曰卿이써衣紫ᄒᆞᆫ바ᄅᆞᆯ知ᄒᆞᄂᆞ냐對ᄒᆞ야曰知치못ᄒᆞ니다上이命ᄒᆞ야殿柱에帖을取ᄒᆞ야示

ᄒᆞ다

上이召翰林學士韋澳ᄒᆞ야託以論詩ᄒᆞ고屛左右ᄒᆞ고與之語曰近日에外間에謂內侍權勢ㅣ如何오對曰陛下ㅣ威斷이非前朝之比니이다上이閉目搖手曰全未全未로다尙畏之在로라

上이翰林學士韋澳을召ᄒᆞ야論詩ᄒᆞᆷ으로써託ᄒᆞ고左右ᄅᆞᆯ屛ᄒᆞ고더부러語ᄒᆞ야曰近日에外間에셔內侍에權勢ᄅᆞᆯ謂ᄒᆞᆷ이如何ᄒᆞᄂᆞ요對ᄒᆞ야왈陛下에威斷ᄒᆞᆷ이前朝에比ᄒᆞᆷ이안이니이다上이目을閉ᄒᆞ고手ᄅᆞᆯ搖ᄒᆞ야曰全未ᄒᆞ고全未ᄒᆞ도다오히려畏가在ᄒᆞ미로라

上이又嘗與令狐綯로謀盡誅宦官ᄒᆞᆯ서綯ㅣ恐濫及無辜ᄒᆞ야密奏曰但有罪勿捨ᄒᆞ고有闕勿補면自然漸耗ᄒᆞ야至於盡矣리이다宦者竊見其奏ᄒᆞ고由是로益與朝士로相惡ᄒᆞ야南北司ㅣ如水火矣러라

上이ᄯᅩ일즉이令狐綯로더부러宦官을盡誅ᄒᆞ기ᄅᆞᆯ謀ᄒᆞᆯ식綯ㅣ無辜에濫及ᄒᆞᆯ가恐ᄒᆞ야密히奏ᄒᆞ야曰다만罪가有ᄒᆞᆷ이捨을勿ᄒᆞ고闕이有ᄒᆞᆷ이補을勿ᄒᆞ면自然히漸히耗ᄒᆞ야盡ᄒᆞᆷ의至ᄒᆞᆯ리이다宦者ㅣ그奏을竊ᄒᆞ야見ᄒᆞ고是로말미암아益히朝士로더부러서루惡ᄒᆞ야南北에司가水와火와如ᄒᆞ더라

(乙亥)九年이다 二月에 以醴泉令李君奭으로 爲懷州刺史ᄒᆞ다 初에
上이 校獵渭上ᄒᆞ서 有父老ㅣ 以十數로 聚於佛祠어ᄂᆞᆯ 上이 問之ᄒᆞ니 對
曰醴泉百姓也이니다 縣令李君奭이 有異政ᄒᆞ대 考滿當罷라 詣府
乞留故로 此에 祈佛ᄒᆞ야 冀諧所願耳이니다 及懷州刺史ㅣ 闕ᄒᆞ야 上이
手筆로 除君奭ᄒᆞ니 宰相이 莫之測이러니 君奭이 入謝어ᄂᆞᆯ 上이 以此로 奬
厲ᄒᆞ니 衆이 始知之ᄒᆞ더라

九年이라二月에醴泉令李君奭으로써懷州刺史을삼다처음의上이渭上에校獵ᄒᆞᆯ
시父老ㅣ有ᄒᆞ야十數로써佛祠에聚ᄒᆞ얏거ᄂᆞᆯ上이問ᄒᆞ니對ᄒᆞ야曰醴泉에百姓이
니다縣令李君奭이異ᄒᆞᆫ政이有호ᄃᆡ考에滿ᄒᆞ야罷을當ᄒᆞᆫ지라府에詣ᄒᆞ야留ᄒᆞ기
을乞ᄒᆞ기로此에佛을祈ᄒᆞ야所願을冀諧ᄒᆞ나니다懷州刺史ㅣ闕ᄒᆞᆷ이밋쳐서上이
手筆로君奭을除ᄒᆞ니宰相이測지못ᄒᆞ더니君奭이入ᄒᆞ야謝ᄒᆞ거ᄂᆞᆯ上이此로써奬
厲ᄒᆞ니衆이비로소知ᄒᆞ더라

(丁丑)十一年이라 上이 樂聞規諫ᄒᆞ야 凡諫官의 論事와 門下에 封駁
이 苟合於理면 多屈意從之ᄒᆞ고 得大臣章疏면 必焚香盥手而

讀之ᄒᆞ더라

十一年이라上이規諫을樂聞ᄒᆞ야무릇諫官의事을論ᄒᆞᆷ과門下의封駁ᄒᆞᆷ이苟히理에合ᄒᆞ면多히意을屈ᄒᆞ야從ᄒᆞ고大臣에章䟽을得ᄒᆞ면반다시香을焚ᄒᆞ고手을盥ᄒᆞ고讀ᄒᆞ더라

(戊寅)十二年이라上이餌方士藥ᄒᆞ고已覺躁渴ᄒᆞ더라

十二年이라上이方士에藥을餌ᄒᆞ고임의躁渴을覺ᄒᆞ더라

上이詔ᄒᆞ되刺史을毋得外徙ᄒᆞ고必令至京師ᄒᆞ야面察其能否然後에除之ᄒᆞ라令狐綯ㅣ嘗徙其故人ᄒᆞ야爲隣州刺史ᄒᆞ고便道之官이러니上이見其謝上表ᄒᆞ고以問綯ᄒᆞᆫ되對曰以其道近으로省送迎耳니다上이曰朕이以刺史로多非其人이면爲百姓害故로欲一一見之ᄒᆞ야訪問其所施設ᄒᆞ야知其優劣ᄒᆞ야以行黜陟이어늘而詔命이旣行에直廢格不用ᄒᆞ니 釋義史記淮南王安傳座格明詔按如淳注廢止也格攱閣不得下也蘇林曰格音閣也 宰相은可謂有權이로다時에方寒이라綯ㅣ汗透重裘ᄒᆞ더라

上이詔ᄒᆞ되刺史을실어금外徙치말고반다시하야금京師에至ᄒᆞ야그能ᄒᆞ고否홈을面察한然後에除ᄒᆞ라令狐綯ㅣ일쥬니그故人을徙ᄒᆞ야鄴州刺史를삼고便道로官에가게ᄒᆞ엿더니上이그上表ᄒᆞ야謝홈을見ᄒᆞ고써綯에게問ᄒᆞᆫ되對ᄒᆞ야曰써그道近홈으로送迎을省ᄒᆞ얏ᄂᆞ이다上이曰朕이刺史로써만니그人이안이면百姓에害가되ᄂᆞᆫ故로一一이見ᄒᆞ야그施設ᄒᆞᆫ바을訪問ᄒᆞ야그優와劣을知ᄒᆞ야써黜涉을行ᄒᆞ고ᄌᆞᄒᆞ거ᄂᆞᆯ詔命니임의行홈미直히廢格ᄒᆞ고用치안이ᄒᆞ니宰相은가히權이有ᄒᆞ다謂ᄒᆞᆯ짓도다ᄯᅢ에바야흐로寒ᄒᆞᆫ지라綯ㅣ汗이重裘에透ᄒᆞ더라

上이臨朝ᄒᆞ야接對羣臣을如賓客ᄒᆞ고雖左右見習이라도未嘗其有惰容ᄒᆞ고每宰相이奏事에旁無一人立者ᄒᆞ되威嚴을不可仰視라奏事ㅣ畢에忽怡然曰可以閑語矣다ᄒᆞ고因問閭閻細事ᄒᆞ고或設宮中遊宴ᄒᆞ야無所不至ᄒᆞ고一刻許에復整容曰卿輩ᄂᆞᆫ善爲之ᄒᆞ라朕이常恐卿輩負朕이면後日에不復得再相見ᄒᆞ노라ᄒᆞ고乃起入宮ᄒᆞ더라

令狐綯ㅣ謂人曰吾ㅣ十年秉政에最承恩遇ᄒᆞ되然이나每延英奏事에未嘗不汗霑衣也라ᄒᆞ더라

上이朝에臨ᄒᆞ야羣臣을接ᄒᆞ고對홈을賓客과如히ᄒᆞ고비록左右의見習이라도릴즉니그情홈容이有홈을見치못ᄒᆞ얏고미양宰相이事을奏ᄒᆞ미旁에一人도立ᄒᆞᆫ者ㅣ無ᄒᆞ되威嚴을可히仰視치못홀지라事을奏ᄒᆞ미畢ᄒᆞ미忽히怡然이日可히써閑가이語할지어다인ᄒᆞ야閭閻에細事을問ᄒᆞ고或宮中에遊宴을設ᄒᆞ야일으지안니ᄒᆞ난바이無ᄒᆞ고一刻許에다시容을整ᄒᆞ야日卿에무리는善히할지라朕이항상卿에무리가朕을負ᄒᆞ면後日에다시再히相見홈을得之못할가恐ᄒᆞ노라니에起ᄒᆞ야宮에入ᄒᆞ더라令狐綯ㅣ人에게謂ᄒᆞ야日吾ㅣ十年을政을秉ᄒᆞ미가장恩遇을承ᄒᆞ얏시되글어나미양延英에셔事을奏ᄒᆞ미일즉이汗이衣에霑치안니ᄒᆞ지못ᄒᆞᆫ다ᄒᆞ더라

(己卯)十三年이라上이餌道士藥ᄒᆞ고疽發背ᄒᆞ야八月에崩ᄒᆞ다宣宗이性이明察沉斷ᄒᆞ야用法無私ᄒᆞ고從諫如流ᄒᆞ고重惜官賞ᄒᆞ고恭謹節儉ᄒᆞ고惠愛民物故로大中之政이訖於唐亡토록人思詠之ᄒᆞ야謂之小太宗이라ᄒᆞ더라丙申에懿宗이即位ᄒᆞ다

十三年이라上이道士에藥을餌ᄒᆞ고疽ㅣ背에發ᄒᆞ야八月에崩ᄒᆞ다宣宗이性이明察ᄒᆞ고沉斷ᄒᆞ야法을用ᄒᆞ미私가無ᄒᆞ고從諫ᄒᆞ기을流홈갓고官과賞을重히惜ᄒᆞ

고恭謹ᄒᆞ고節儉ᄒᆞ고民物을惠愛ᄒᆞᄂᆞᆫ故로大中에政이唐나라亡ᄒᆞᆷ에訖토록人이思ᄒᆞ여詠ᄒᆞ야小太宗이라謂ᄒᆞ더라丙申에懿宗이位에即ᄒᆞ다

懿宗(名漼宣宗長子) **在位十四年 壽三十一**(驕奢無度淫樂不悛李氏之亾於玆決矣)

(庚辰)咸通元年이라 **浙東賊裘甫**ㅣ(釋義 裘巨鳩反姓也本作仇避讎竹裘) **攻陷象山**ᄒᆞ니(釋義 象山縣名在東屬慶元府山在府東百六十里東南北皆濱海惟西南有陸路接台州寧海縣界按慶元古明州也) **浙東**이 **騷動**ᄒᆞ거늘 **安南都護王式**이 **討平之**ᄒᆞ다

咸通元年이라浙東賊裘甫ㅣ象山을攻ᄒᆞ야陷ᄒᆞ니浙東이騷動ᄒᆞ거늘安南都護王式이討ᄒᆞ야平ᄒᆞ다

(戊子)九年이라 **徐州戍卒龐勛**이 **作亂**ᄒᆞ니 **衆至十萬**이라 **康承訓**이 **與朱邪赤心**으로 **討平之**ᄒᆞ어늘 **赤心**은 **賜姓名李國昌**ᄒᆞ야 **以爲大同軍節度使**ᄒᆞ다

九年이라徐州에戍卒龐勛이亂을作ᄒᆞ니衆이十萬에至ᄒᆞᆫ지라康承訓이朱邪와赤心으로與ᄒᆞ야討ᄒᆞ야平ᄒᆞ거늘赤心은姓名을李國昌이라賜ᄒᆞ야써大同軍節度使을삼다

(癸巳)十四年이라 秋七月에 上이 崩커늘 僖宗이 卽位ᄒᆞ다
十四年이라秋七月에上이崩ᄒᆞ거ᄂᆞᆯ僖宗이位에卽ᄒᆞ다

僖宗 名儇懿宗第五子 在位十五年 壽二十七 昏庸相繼禍亂相仍民愁怨起不可復支盖亦天人之會歟

(甲午)乾符元年이라 上이 年少ᄒᆞ야 政在臣下ᄒᆞ니 南牙北司ㅣ 互相矛楯이러라 釋義楯時允反互相矛楯謂不相合也 自懿宗以來로 奢侈ㅣ 日甚ᄒᆞ고 用兵不息ᄒᆞ야 賦斂愈急ᄒᆞ고 關東이 連年水旱ᄒᆞ되 州縣이 不以實聞ᄒᆞ고 上下ㅣ 相蒙ᄒᆞ니 百姓이 流殍ᄒᆞ야 彼表反 無所控訴어늘 相聚爲盜ᄒᆞ야 所在蜂起러라 是歲에 濮州人王仙芝ㅣ 始聚衆數千ᄒᆞ야 起於長垣ᄒᆞ다
乾符元年이라上이年이少ᄒᆞ야政이臣下에在ᄒᆞ니南牙와北司ㅣ互相히矛楯ᄒᆞ더라懿宗으로부터써來ᄒᆞᆷ으로奢侈가日로甚ᄒᆞ고兵을用ᄒᆞ미息ᄒᆞ지안니ᄒᆞ야賦와斂이愈히急ᄒᆞ고關東이連年히水와旱ᄒᆞ되州와縣이써實聞치아니ᄒᆞ고上과下가서로蒙ᄒᆞ니百姓이流殍ᄒᆞ야控訴ᄒᆞᆯ所이無ᄒᆞ거ᄂᆞᆯ서로聚ᄒᆞ야盜가되야서在ᄒᆞᆫ바에蜂起ᄒᆞ더라이헤에濮州ᄉᆞ람王仙芝ㅣ비로쇼무리數千을聚ᄒᆞ야長垣에起ᄒᆞ다

(乙未)二年이라上之爲晉王也에小馬坊使田令孜ㅣ有寵이러니
及即位에使知樞密ᄒᆞ고遂擢爲中尉ᄒᆞ다上이時年이十四라專事
遊戲ᄒᆞ고政事를一委令孜ᄒᆞ더라

二年이라上이晉王이되시미小馬坊使田令孜ㅣ寵이有ᄒᆞ더니位에即ᄒᆞ기에미쳐
셔ᄒᆞ야곰樞密을知ᄒᆞ고드듸여擢ᄒᆞ야中尉을삼다上이時에年이十四라온젼이遊
戲에일삼고政事을一히令孜에게委ᄒᆞ더라

黃巢ㅣ亦聚衆千餘人ᄒᆞ야應王仙芝ᄒᆞ다巢ㅣ少與仙芝로皆以販
私鹽으로爲事러라巢ㅣ善騎射ᄒᆞ고喜任俠ᄒᆞ고粗涉書傳이라屢擧進士
不第ᄒᆞ고遂爲盜ᄒᆞ야與仙芝로剽掠州縣ᄒᆞ고橫行山東ᄒᆞ니民之困於
重歛者ㅣ爭歸之ᄒᆞ야數月之間에衆至數萬이러라

黃巢ㅣ또한무리千餘人을聚ᄒᆞ야王仙芝에게應ᄒᆞ더라巢ㅣ졀머셔仙芝로더부러
다私鹽을販ᄒᆞᆷ으로써일숨더라巢ㅣ騎와射을善ᄒᆞ고任俠을喜ᄒᆞ고書傳을粗涉ᄒᆞᆫ
지라여러번進士에擧ᄒᆞ야第을못ᄒᆞ고드듸여盜가되야셔仙芝로더부러州와縣에
剽掠ᄒᆞ고山東에橫行ᄒᆞ니民이重歛에困ᄒᆞᆫ者ㅣ다토아歸ᄒᆞ야數月ᄉᆞ이에衆이數

萬에至ᄒᆞ더라

(戊戌)五年이라春에沙陁兵馬使李國昌之子克用이起兵ᄒᆞ야殺大同防禦使段文楚ᄒᆞ고(後爲後唐)(釋義 大同古雲中郡也漢爲鴈門郡平城縣今置大同府東南府東南至燕京八百里也)自稱留後라ᄒᆞ다

五年이라春에沙陁兵馬使李國昌에아달克用이兵을起ᄒᆞ야大同坊禦使段文楚을殺ᄒᆞ고스ᄉᆞ로留後ㅣ라稱ᄒᆞ더라

招討使曾元裕ㅣ大破王仙芝於黃梅ᄒᆞ야殺五萬餘人ᄒᆞ고追斬仙芝ᄒᆞ야傳首ᄒᆞ다

招討使曾元裕ㅣ크게王仙芝을黃梅에破ᄒᆞ야五萬餘人을殺ᄒᆞ고仙芝을追斬ᄒᆞ야首를傳ᄒᆞ다

黃巢ㅣ方攻亳州未下라尙讓이帥仙芝餘衆ᄒᆞ고歸之ᄒᆞ야推巢爲主ᄒᆞ고號을衝天大將軍이라ᄒᆞ다

黃巢바야흐로亳州을攻ᄒᆞ야下치못ᄒᆞᆫ지라尙讓이仙芝에餘衆을帥ᄒᆞ고歸ᄒᆞ야巢을推ᄒᆞ야主을숨고號을衝天大將軍이라ᄒᆞ다

王郢之亂에 臨安人董昌이 以土團으로 討賊有功이라 補石鏡都知兵馬使ᄒᆞ다

王郢에亂에臨安당ᄉᆞ람董昌이土團으로써賊을討ᄒᆞ야功이有ᄒᆞᆫ지라石鏡都知兵馬使을補ᄒᆞ다

(己亥)六年이라 春에 高駢이 擊黃巢屢破之ᄒᆞ니 巢ㅣ遂趣廣南ᄒᆞ다 冬에 黃巢ㅣ在嶺南에 士卒이 罹瘴疫ᄒᆞ야 死者十에 三四라 其徒勸之北還ᄒᆞ야 以圖大事어늘 巢ㅣ從之ᄒᆞ다 十一月에 黃巢ㅣ北趣襄陽이어늘 山南東道節度使劉巨容이 大破之ᄒᆞ니 巢ㅣ與尙讓으로 收餘衆ᄒᆞ야 渡江東走ᄒᆞ야 轉掠饒信池宣歙杭等十五州ᄒᆞ니 衆이 至二十萬이러라

六年이라春에高駢이黃巢을擊ᄒᆞ야屢破ᄒᆞ니巢ㅣ드듸여廣南으로趣ᄒᆞ다冬에黃巢ㅣ嶺南에在ᄒᆞ미士卒이瘴疫에罹ᄒᆞ야死ᄒᆞᆫ者十에三四라그徒ㅣ北還ᄒᆞ야써大事ㅣ圖ᄒᆞ기을勸ᄒᆞ거ᄂᆞᆯ巢ㅣ從ᄒᆞ다十一月에黃巢ㅣ北으로襄陽에趣ᄒᆞ거ᄂᆞᆯ山南東道節度使劉巨容이크게破ᄒᆞ니巢ㅣ尙讓으로더부러餘衆을収ᄒᆞ야江東을渡ᄒᆞ

야走ᄒᆞ야轉ᄒᆞ야饒信池宣歙抗等十五州을掠ᄒᆞ니衆이二十萬에至ᄒᆞ더라

(庚子)廣明元年이라秋七月에 黃巢ㅣ自采石으로渡江ᄒᆞ야 圍天長六合ᄒᆞ니 釋義天長縣名宋屬招信軍今改爲臨淮府六合古之棠邑也後爲六合縣屬揚州宋太祖升迎鑾鎭爲安軍乃割六合隷焉眞宗升建安爲鎭州 兵勢甚盛이러라 丁卯에黃巢ㅣ陷東都ᄒᆞ니留守劉允章이帥百官迎謁이어늘巢ㅣ 入城問勞而已ᄒᆞ니閭里ㅣ晏然ᄒᆞ더라 壬午에賊이 攻潼關ᄒᆞ니 關上兵이 皆潰라田令孜ㅣ奉帝ᄒᆞ야自金光門出이어늘黃巢ㅣ遂入長安ᄒᆞ다

廣明元年이라秋七月에黃巢ㅣ采石으로부터江을渡ᄒᆞ야天長과六合을圍ᄒᆞ니兵勢ㅣ甚이盛ᄒᆞᆫ지라丁卯에黃巢ㅣ東都를陷ᄒᆞ니留守劉允章이百官을帥ᄒᆞ고迎ᄒᆞ야謁ᄒᆞ거늘巢ㅣ城에入ᄒᆞ야勞問ᄒᆞᆯᄯᆞ름ᄒᆞ니閭里가晏然ᄒᆞ더라壬午에賊이潼關을攻ᄒᆞ니關上에兵이다潰ᄒᆞᆫ지라田令孜ㅣ帝를奉ᄒᆞ야金光門으로붓터出ᄒᆞ거늘黃巢ㅣ드듸여長安에入ᄒᆞ다

上이趨駱谷ᄒᆞ니鳳翔節度使鄭畋이謁上於道次ᄒᆞ고 請車駕ㅣ留鳳翔이어늘上이曰朕이不欲密邇巨寇ᄒᆞ노니且幸興元ᄒᆞ야 徵兵以圖收復ᄒᆞ리라 壬辰에巢ㅣ即皇帝位ᄒᆞ야國號를大齊라ᄒᆞ고改元金統ᄒᆞ다

上이駱谷에趣ᄒᆞ니鳳翔節度使鄭畋이上을道次에謁ᄒᆞ고車駕ㅣ鳳翔에留ᄒᆞ심을請ᄒᆞ거늘上이日朕이巨冠에게密邇코자아니ᄒᆞ노니且興元으로幸ᄒᆞ야兵을徵ᄒᆞ야써收復홈을圖ᄒᆞ리라壬辰에巢ㅣ皇帝位에即ᄒᆞ야國號을大齊라ᄒᆞ고元을金統이라改ᄒᆞ다

鄭畋ㅣ還鳳翔ᄒᆞ야完城塹ᄒᆞ고繕器械訓士卒ᄒᆞ고密約鄰道合兵ᄒᆞ야討賊ᄒᆞ니軍勢大振이러라

鄭畋ㅣ鳳翔에還ᄒᆞ야城塹을完ᄒᆞ고器械을繕ᄒᆞ고士卒을訓ᄒᆞ고密히隣道에約ᄒᆞ야兵을合ᄒᆞ야賊을討ᄒᆞ니軍勢ㅣ크게振ᄒᆞ더라

田令孜ㅣ勸上幸成都어늘上이從之ᄒᆞ다

田令孜ㅣ上이成都로幸ᄒᆞ시을勸ᄒᆞ거늘上이從ᄒᆞ다

(辛丑)中和元年이라三月에黃巢ㅣ遣其將尙讓과王播ᄒᆞ야帥衆五萬ᄒᆞ야寇鳳翔이어늘畋ㅣ使唐弘夫로伏兵擊之ᄒᆞ니賊이大敗於龍尾陂어늘斬首二萬餘級ᄒᆞ니伏尸數十里라鄭畋ㅣ傳檄天下藩鎭ᄒᆞ야合兵討賊ᄒᆞᆯ서時에天子ㅣ在蜀ᄒᆞ야詔令이不通ᄒᆞ니天下ㅣ謂朝

廷이不能復振이라ᄒᆞ더니及得眣檄에爭發兵應之ᄒᆞ니賊이懼ᄒᆞ야不敢復窺京西러니未幾에鳳翔司馬李昌言이作亂ᄒᆞ니眣이奔行在而薨ᄒᆞ다

辛丑中和元年이라三月에黃巢ㅣ그장슈尙讓과王播을遣ᄒᆞ야무리五萬을帥ᄒᆞ고鳳翔을寇ᄒᆞ거늘眣ㅣ唐弘夫로ᄒᆞ야곰兵을伏ᄒᆞ야擊ᄒᆞ니賊이크게龍尾陂에서敗ᄒᆞ거늘二万餘級의首을斬ᄒᆞ니數十里에尸가伏ᄒᆞᆫ지라鄭眣ㅣ天下藩鎭에檄을傳ᄒᆞ야兵을合ᄒᆞ야賊을討ᄒᆞᆯ시時에天子ㅣ蜀에在ᄒᆞ야詔와令이通ᄒᆞ지못ᄒᆞ니天下謂호ᄃᆡ朝廷이能히復振ᄒᆞ지못ᄒᆞᆫ다ᄒᆞ더니밋眣에檄을得ᄒᆞ고다투어兵을發ᄒᆞ야應ᄒᆞ니賊이둘여워ᄒᆞ야敢히다시京西을窺치못ᄒᆞ더라未幾에鳳翔司馬李昌言이亂을作ᄒᆞ니眣ㅣ行在에奔ᄒᆞ야薨ᄒᆞ다

黃巢에所署同州防禦使朱溫이擧州降이어늘賜名全忠ᄒᆞ다

黃巢에署ᄒᆞᆫ바同州防禦使朱溫 이州을擧 ᄒᆞ야降 ᄒᆞ거 늘名을賜ᄒᆞ야全忠이라賜ᄒᆞ다

黃巢ㅣ兵勢ㅣ尙强이라河中留後王重榮이患之ᄒᆞ야謂行營都監

楊復光曰鴈門李僕射驍勇有強兵ᄒᆞ고彼ㅣ亦有徇國之志ᄒᆞ니
誠以朝旨로召之면必來ᄒᆞ리니來則賊은不足平矣리라王鐸이在河
中ᄒᆞ야乃墨敕으로召李克用ᄒᆞ니十一月克用이將沙陁萬七千人ᄒᆞ고
趣河中ᄒᆞ다

黃巢ㅣ兵勢오히려強ᄒᆞᆫ지라河中留後王重榮이患ᄒᆞ야行營都監楊復光더러謂ᄒᆞ야曰鴈門李僕射ㅣ驍勇ᄒᆞ고強兵이有ᄒᆞ고彼가ᄯᅩ한徇國에志가有ᄒᆞ니진실노朝旨로ᄡᅥ召ᄒᆞ면반다시來ᄒᆞ리니來ᄒᆞᆫ則賊은足히平ᄒᆞᆯ게읍시리라王鐸이河中에在ᄒᆞ야이에墨勅으로李克用을召ᄒᆞ니十一月에克用이沙陁万七千人을將ᄒᆞ고河中에趣ᄒᆞ다

(癸卯)三年이라二月에李克用이進軍乾阬ᄒᆞ야與河中易定忠武
軍으로合ᄒᆞ니尙讓等이將十五萬衆ᄒᆞ야屯于梁田陂어늘明日에大戰ᄒᆞ야
自午至晡ᄒᆞ니賊衆이大敗ᄒᆞ다三月에克用이進軍渭橋ᄒᆞ야與黃巢
軍으로戰于渭南ᄒᆞᆯ서一日에三戰皆捷ᄒᆞ고義成義武等諸軍이繼之
ᄒᆞ니賊衆이大奔이러라四月에克用等이自光泰門으로入京師ᄒᆞ니黃巢ㅣ

力戰不勝ᄒᆞ고焚宮室遁去ᄒᆞ다克用이時年이二十八이라於諸將에最少ᄒᆞ나而破黃巢復長安ᄒᆞ니功이第一이라兵勢最强ᄒᆞ니諸將이皆畏之러라克用이一目이微眇ᄒᆞ니時人이謂之獨眼龍이라ᄒᆞ더라詔ᄒᆞ야以克用으로爲河東節度使ᄒᆞ고詔以黃巢未平으로加全忠東北面都招討使ᄒᆞ다

三年이라二月에李克用이軍을乾阬에進ᄒᆞ야河中易定忠武에軍으로與ᄒᆞ야合ᄒᆞ니尙讓等이十五萬衆을將ᄒᆞ야梁田陂에屯ᄒᆞ거늘明日에大戰ᄒᆞ야午로自ᄒᆞ야晡에至ᄒᆞ니賊에衆이크게敗ᄒᆞ다三月에克用이軍을渭橋에進ᄒᆞ야黃巢에軍으로더부러渭南에戰ᄒᆞᆯ식一日에三戰ᄒᆞ야다捷ᄒᆞ고義成과義武에等諸軍이繼ᄒᆞ니賊에衆이크게奔ᄒᆞ더라四月에克用에무리가光泰門으로브터京師에入ᄒᆞ니黃巢ㅣ力이戰ᄒᆞ야勝치못ᄒᆞ고宮과室을焚ᄒᆞ고遁去ᄒᆞ다克用이時에年이二十八이라모든將에最히少ᄒᆞ나黃巢을破ᄒᆞ고長安을復ᄒᆞ니功이第一이라兵勢가가장强ᄒᆞ니모든將이다畏ᄒᆞ더라克用이一目이微眇ᄒᆞ니時人이獨眼龍이라謂ᄒᆞ더라詔ᄒᆞ야克用으로써河東節度使을삼고詔ᄒᆞ야黃巢을平치못ᄒᆞᆷ으로써全忠으로東北面都招討使을加ᄒᆞ다

(甲辰)四年이라春二月에克用이追及巢於中牟ᄒᆞ야奮擊大破之ᄒᆞ니尙讓이帥其衆ᄒᆞ고降ᄒᆞ다

四年이라二月에克用이을巢를中牟에追及ᄒᆞ야奮擊ᄒᆞ야크게破ᄒᆞ니尙讓이그무리올師ᄒᆞ고降ᄒᆞ다

六月에武寧將李師悅이與尙讓으로追黃巢至瑕丘ᄒᆞ야敗之ᄒᆞ니巢衆이殆盡ᄒᆞ야走至狼虎谷이어늘巢에甥林言이斬巢兄弟妻子首ᄒᆞ야以降ᄒᆞ다

六月에武寧將李師悅이尙讓으로더부러黃巢을追ᄒᆞ야瑕丘에至ᄒᆞ야敗ᄒᆞ니巢에衆이殆하盡ᄒᆞ야走ᄒᆞ여셔狼虎谷에至ᄒᆞ거늘巢에甥林言이巢에兄弟와妻子에首을斬ᄒᆞ야써降ᄒᆞ다

秋七月에李克用이至晉陽ᄒᆞ야大治甲兵ᄒᆞ고遣使ᄒᆞ야奉表詣行在ᄒᆞ야自陳ᄒᆞ되有破黃巢大功이나爲朱全忠에所圖ᄒᆞ야僅能自免ᄒᆞ니乞遣使按問ᄒᆞ고發兵誅討니이다時에朝廷이以大寇ㅣ初平에方務姑

息이라 **得克用表**ᄒᆞ고 **大恐**ᄒᆞ야 **但遣中使**ᄒᆞ야 **賜優詔和解之**ᄒᆞ나

秋七月에李克用이晉陽에至ᄒᆞ야甲과兵을大治ᄒᆞ고使를遣ᄒᆞ야表를奉ᄒᆞ고行在에詣ᄒᆞ야스ᄉᆞ로陳호ᄃᆡ黃巢을破ᄒᆞ야大功이有ᄒᆞ나朱全忠에圖ᄒᆞᆫ비되야僅히能이自免ᄒᆞ니使을遣ᄒᆞ야按問ᄒᆞ고兵을發ᄒᆞ야誅討ᄒᆞ기를乞ᄒᆞ노이다時에朝廷이써大寇ㅣ初히平ᄒᆞᆷ의方히姑息을務ᄒᆞᄂᆞᆫ지라克用의表ᄒᆞᆷ을得ᄒᆞ고크게恐ᄒᆞ야但히中使을遣ᄒᆞ야優詔을賜ᄒᆞ고和解ᄒᆞ다

田令孜ㅣ **益驕橫**ᄒᆞ야 **禁制天子**ᄒᆞ야 **不得有所主斷**ᄒᆞ니 **上**이 **患其專**ᄒᆞ야 **時語左右而流涕**러라

田令孜더욱驕橫ᄒᆞ야天子을禁制ᄒᆞ야시러금主斷ᄒᆞᄂᆞᆫ바히有치못케ᄒᆞ니上이그專ᄒᆞᆷ을患ᄒᆞ야時로左右에게語ᄒᆞ고涕을流ᄒᆞ더라

(乙巳)光啓元年이라 **春二月**에 **車駕**ㅣ **至京師**ᄒᆞ다

光啓元年이라春二月에車駕ㅣ京師에至ᄒᆞ다

秦宗權이 **稱帝於蔡州**ᄒᆞ다 (宗權中和元年起兵)

秦宗權이蔡州에서帝라稱ᄒᆞ다

李克用이 **表請誅令孜**어늘 **詔和解之**호ᄃᆡ **克用**이 **不聽**ᄒᆞ고 **十二月**에

克用이進逼京城ᄒᆞ니令孜ㅣ夜奉天子ᄒᆞ고自開遠門으로出幸鳳翔
ᄒᆞ다初에黃巢ㅣ焚長安宮室而去호ᄃᆡ諸道兵이入城縱掠ᄒᆞ야焚府
寺ᄒᆞ니民居什六七이라京兆尹王徽ㅣ累年補葺ᄒᆞ야僅完一二러니至
是ᄒᆞ야復爲亂兵焚掠ᄒᆞ야無子遺矣러라

李克用이令孜ᄅᆞᆯ誅ᄒᆞ기로表請ᄒᆞ거ᄂᆞᆯ詔ᄒᆞ야和解호ᄃᆡ克用이不聽ᄒᆞ고十二月에
克用이進ᄒᆞ야京城을逼ᄒᆞ니令孜ㅣ夜에天子ᄅᆞᆯ奉ᄒᆞ고開遠門으로自ᄒᆞ야鳳翔에
出幸ᄒᆞ다쳐음에黃巢ㅣ長安宮室을焚ᄒᆞ고去ᄒᆞᆯᄉᆡ諸道의兵이城에入ᄒᆞ야縱掠ᄒᆞ
야府寺ᄅᆞᆯ焚ᄒᆞ니民이什에六七이居ᄒᆞᆫ지라京兆尹王徽ㅣ累年을補葺ᄒᆞ야僅히一
二ᄅᆞᆯ完ᄒᆞ엿더니是에至ᄒᆞ야다시亂兵이焚掠ᄒᆞ니子遺ㅣ無ᄒᆞ더라

(丙午)二年이라春正月에李克用이還軍河中ᄒᆞ야與王重榮으로同
表請大駕還宮ᄒᆞ고因罪狀田令孜ᄒᆞ야請誅之어ᄂᆞᆯ令孜ㅣ請上幸
興元호ᄃᆡ不從이라是夜에令孜ㅣ引兵入宮ᄒᆞ야刼上幸寶鷄호ᄃᆡ宰相
朝臣이皆不知러라時에田令孜ㅣ弄權ᄒᆞ야再致播遷ᄒᆞ니天下ㅣ共忿

疾之ᄒᆞ더라 朱玫과 李昌符ㅣ 引兵追逼乘輿ᄒᆞ다

二年이라春正月에李克用이河中에軍을還ᄒᆞ야王重榮으로더부러ᄒᆞᆫ가지表ᄒᆞ야大駕ㅣ宮에還ᄒᆞ기을請ᄒᆞ고因ᄒᆞ야田令孜를罪狀ᄒᆞ야誅ᄒᆞ기을請ᄒᆞ거늘令孜ㅣ上이興元에幸ᄒᆞ기을請ᄒᆞᆫᄃᆡ從치안난지라是夜에令孜ㅣ兵을引ᄒᆞ고宮에入ᄒᆞ야上을刼ᄒᆞ야寶鷄로幸ᄒᆞᄃᆡ宰相과朝臣이다知치못ᄒᆞᆫ지라時에田令孜ㅣ權을弄ᄒᆞ야再히播遷을致ᄒᆞ니天下ㅣ共히忿ᄒᆞ야疾ᄒᆞ더라朱玫과李昌符ㅣ兵을引ᄒᆞ고乘輿을追ᄒᆞ야逼ᄒᆞ다

三月에 車駕ㅣ 至興元ᄒᆞ니 朱玫이 逼鳳翔이어늘 百官이 奉襄王熅ᄒᆞ야 權監軍國事ㅣ러니 玫에 部將王行瑜ㅣ 斬玫ᄒᆞ고 執襄王熅ᄒᆞ야 殺之어늘 詔ᄒᆞ야 以行瑜로 爲靜難節度使ᄒᆞ다

三月에車駕ㅣ興元에至ᄒᆞ니朱玫이鳳翔을逼ᄒᆞ거늘百官이襄王熅을奉ᄒᆞ야軍國事을權監ᄒᆞ더니玫에部將王行瑜ㅣ玫을斬ᄒᆞ고襄王熅을執ᄒᆞ야殺ᄒᆞ거늘詔ᄒᆞ야行瑜로써靜難節度使을삼다

(丁未)三年이라 以錢鏐로 爲杭州刺史ᄒᆞ다

三年이라錢鏐로써杭州刺史을삼다

削田令孜官爵ᄒᆞ야長流端州ᄒᆞ다

田令孜에官爵을削ᄒᆞ야端州에長流ᄒᆞ다

八月에高駢에部將楊行密이自稱淮南留後ᄒᆞ다 後爲吳

八月에高駢에部將楊行密이스ᄉᆞ로淮南留後라稱ᄒᆞ다

(戊申)文德元年이라上이疾大漸이어늘觀軍容使楊復恭이立壽王傑ᄒᆞ야爲皇太弟ᄒᆞ다癸卯에上이崩커늘昭宗이即位ᄒᆞ니體貌明粹ᄒᆞ고有英氣라以僖宗이威令不振ᄒᆞ야朝廷이日卑ᄒᆞ라有恢復前烈之志ᄒᆞ야尊禮大臣ᄒᆞ고夢想賢傑ᄒᆞ니踐阼之始에中外ㅣ欣欣焉ᄒᆞ더라

文德元年이라上이疾이大漸ᄒᆞ거늘觀軍容使楊復恭이壽王傑이를立ᄒᆞ야皇太弟을삼다癸卯에上이崩커늘昭宗이位에即ᄒᆞ니體와貌ㅣ明粹ᄒᆞ고英氣가有ᄒᆞᆫ지라僖宗이威令을振치못ᄒᆞᆷ으로써朝廷이日로卑ᄒᆞ엿ᄊᆞᄒᆞ야前烈을恢復ᄒᆞᆯ志가有ᄒᆞ야大臣을尊禮ᄒᆞ고賢傑을夢想ᄒᆞ니踐阼에始에中外欣欣ᄒᆞ더라

昭宗 名曄懿宗第七子 在位十六年　壽三十八 天祿已去民心已離雖欲救之其將能乎

(己酉)龍紀元年이라朱全忠이大破秦宗權ᄒᆞ야斬之ᄒᆞ다全忠이既克蔡州ᄒᆞ니兵勢益盛ᄒᆞ라

龍紀元年이라朱全忠이크게秦宗權을破ᄒᆞ야斬ᄒᆞ다全忠이蔡州을임의克ᄒᆞ니兵勢ㅣ더욱盛ᄒᆞ더라

(庚戌)大順元年이라上이在藩邸ᄒᆞ야素嫉宦官이러니及卽位에楊復恭이恃援立功ᄒᆞ고所爲多不法이어늘上이意不平ᄒᆞ야政事를多謀於宰相ᄒᆞ더라

大順元年이라上이藩邸에在ᄒᆞ야素히宦官을嫉ᄒᆞ더니밋位에卽ᄒᆞᆷ의楊復恭이援立ᄒᆞᆫ功을恃ᄒᆞ야爲ᄒᆞᄂᆞᆫ비ㅣ不法ᄒᆞ미多ᄒᆞ거ᄂᆞᆯ上이意에不平ᄒᆞ야政事을多히宰相에게謀ᄒᆞ더라

夏四月에朱全忠이上言ᄒᆞ되克用이終爲國患이니今因其敗ᄒᆞ야臣이請帥汴滑孟三軍과與河北三鎭ᄒᆞ야共除之ᄒᆞ야지이다張濬이曰先帝ㅣ再幸山南은沙陀ㅣ所爲也라臣이常慮其與河朔으로相表

裏ᄒᆞ야致朝廷으로不能制러니 今兩河藩鎭이 共請討之ᄒᆞ니 此는千載
一時라 但乞陛下ㅣ付臣兵柄이면旬月에可平ᄒᆞ리이다上이從之ᄒᆞ다
夏四月에朱全忠이言을上호ᄃᆡ克用이맛침ᄂᆡ國患이되리니이제그敗홈을因ᄒᆞ야
臣이請컨ᄃᆡ汴滑孟三軍과다못河北三鎭을帥ᄒᆞ야共히除ᄒᆞ야지이다張濬이曰先
帝ㅣ再히山南에幸ᄒᆞ심은沙陁에爲ᄒᆞᆫ바이라臣이常히그河朔으로더부러서루表
裏ᄒᆞ야朝廷으로能히制치못홈을致홀가慮ᄒᆞ더니今에兩河藩鎭이共히討ᄒᆞ기을
請ᄒᆞ니此는千載에一時라다만乞ᄒᆞ건ᄃᆡ陛下ㅣ臣에게兵柄을付ᄒᆞ면旬月에可히
平ᄒᆞ리이다上이從ᄒᆞ다

五月에詔ᄒᆞ야 削奪克用官爵ᄒᆞ고 以濬으로 爲河東行營招討制置
宣慰使ᄒᆞ다
五月에詔ᄒᆞ야克用에官爵을削ᄒᆞ야奪ᄒᆞ고濬으로써河東行營招討制置宣慰使을
삼다

官軍이 出陰地關ᄒᆞ야不戰而走ᄒᆞ고張濬이 又敗ᄒᆞ니 克用이 上表訴
寃ᄒᆞ다

官軍이陰地關에出ᄒᆞ야戰치안니ᄒᆞ고走ᄒᆞ고張濬이또敗ᄒᆞ니克用이表을上ᄒᆞ야寃을訴ᄒᆞ다

(辛亥)二年이라賜克用詔ᄒᆞ야悉復其官爵ᄒᆞ고使歸晋陽ᄒᆞ다

二年이라克用에게詔를賜ᄒᆞ야그官과爵을悉히復ᄒᆞ고하야금晋陽에歸ᄒᆞ다

八月에王建이自稱西川留後ᄒᆞ다 後爲蜀主

八月에王建이ᄉᆞᄉᆞ로西川留後라稱ᄒᆞ다

(壬子)景福元年이라五月에楊行密이屢敗孫孺兵ᄒᆞ야擒孺於陳ᄒᆞ야斬之ᄒᆞ고傳首京師ᄒᆞ니孺衆이多降於行密이러라先是에楊孫富庶ㅣ甲天下ᄒᆞ니時人이稱楊一益二러니及經秦畢孫楊兵火之餘에江淮之間이東西千里ㅣ掃地盡矣러라

景福元年이라五月에楊行密이屢히孫儒에兵을敗ᄒᆞ야儒을陳ᄯᅡ에셔擒ᄒᆞ야斬ᄒᆞ야首을京師에傳ᄒᆞ니儒에衆이만이行密에게降ᄒᆞ더라是에先ᄒᆞ야楊孫의富庶ㅣ天下에甲ᄒᆞ니時人이楊一이오益二라稱ᄒᆞ더니밋秦畢孫楊에兵火을經ᄒᆞᆫ餘에江淮ᄉᆡ이東西千里가掃地에盡ᄒᆞ엿더라

八月에 以楊行密로 爲淮南度節使ᄒᆞ다 淮南이 被兵六年에 士民이 轉徙幾盡이러니 行密이 初至ᄒᆞ야 賜與將吏를 帛不過數尺이오 錢不過數百이니 而能以勤儉으로 足用ᄒᆞ고 非公宴이면 未嘗擧樂ᄒᆞ고 招撫流散ᄒᆞ고 輕徭薄歛ᄒᆞ니 未及數年에 公私ㅣ富庶ᄒᆞ야 幾復承平之舊러라

八月에楊行密로써淮南節度使을삼다淮南이兵을被ᄒᆞᆫ지六年에士와民이轉徙ᄒᆞ야거의盡ᄒᆞ더니行密이ᄎᆞ음에至ᄒᆞ야將吏의게賜與홈을帛은數尺에過치안니ᄒᆞ고錢은數百에過치안니ᄒᆞ나能히勤ᄒᆞ며儉홈으로써用을足히ᄒᆞ고公宴이안이면일즉이樂을擧치안이ᄒᆞ고流散을招ᄒᆞ야撫ᄒᆞ고徭을輕이ᄒᆞ고歛을薄ᄒᆞ게ᄒᆞ니數年에及ᄒᆞ지아니ᄒᆞ야公私ㅣ富庶ᄒᆞ야거의承平의녜를復ᄒᆞ더라

(癸丑)二年이라 春正月에 以李茂貞으로 爲山南西道節度使ᄒᆞ고 以渝州刺史柳玭으로(玭蒲眠反) 爲瀘州刺史ᄒᆞ다 柳氏ㅣ自公綽以來로 世以孝悌禮法으로 爲士大夫所宗이러니 玭이 爲御史大夫에 上이 欲以

爲相이나 宦官이 惡之故로 久謫於外러라 玭이 嘗戒其子弟曰凡門地高ㅣ可畏오 不可恃也라 立身行己에 一事有失則得罪重於他人ᄒᆞ고 死無以見先人於地下ᄒᆞ리니 此其所以可畏也오 門高則驕心이 易生ᄒᆞ고 族盛則爲人所嫉ᄒᆞ야 懿行實才도 人未之信ᄒᆞ고 小有玼纇면 (釋義玼才之反玉病也纇盧對反絲節也) 衆皆指之ᄒᆞᄂᆞ니 此其所以不可恃也라 故로 膏粱子弟ㅣ學宜加勤ᄒᆞ고 行宜加勵라야 僅得比他人爾니라

癸丑二年이라 春正月에 李茂貞으로써 山南西道節度使을삼고 渝州刺史柳玭으로써瀘州刺史를삼다 柳氏ㅣ公綽으로부터써來홈으로뒤로孝悌와禮法으로써士大夫에宗이되더니 玭ㅣ御史大夫가되미 上이써相을삼고ᄌᆞᄒᆞ나 宦官이惡ᄒᆞ난故로久히外에謫ᄒᆞ더라 玭ㅣ일쯕이 그子弟을戒ᄒᆞ야日무ᄅᆞᆺ門地가高ᄒᆞ미可히畏ᄒᆞ고可히恃치못홀지라 身을立ᄒᆞ고己을行ᄒᆞ미 한릴을失홈미有ᄒᆞᆫ즉罪을得ᄒᆞ미他人에重ᄒᆞ고死ᄒᆞ미써先人을 地下에見치못홀지 니이거시그써 可히畏ᄒᆞᆫ 바이오 門이高ᄒᆞᆫ즉驕心이生하기가易ᄒᆞ고族이盛ᄒᆞᆫ즉人에嫉ᄒᆞᆫ배ㅣ되야懿ᄒᆞᆫ힝실과實ᄒᆞᆫ才라도人이 信치안니ᄒᆞ고 小히玼纇가有ᄒᆞ면무리가다指ᄒᆞ난니이거시그써可

恃치못할바이라故로膏粱에子弟ㅣ學에맛당히勸을加ᄒᆞ고行에맛짱히勵을加ᄒᆞ
여야僅히他人에比ᄒᆞᆷ을得ᄒᆞᆯ지니라

李茂貞이恃功驕橫이어ᄂᆞᆯ上이怒欲討之ᄒᆞ야命杜讓能ᄒᆞ야專掌其
事ᄒᆞ다

李茂貞이功을恃ᄒᆞ고驕橫ᄒᆞ거ᄂᆞᆯ上이怒ᄒᆞ야討ᄒᆞ고ᄌᆞᄒᆞ야杜讓能을命ᄒᆞ야ᄋᆞᆯ오
지그事을掌ᄒᆞ다

九月에以覃王嗣周로爲招討使ᄒᆞ야帥兵三萬ᄒᆞ고軍于興平ᄒᆞᆯ서茂
貞이約王行瑜ᄒᆞ야合兵六萬ᄒᆞ야以拒之ᄒᆞ니禁軍이皆望風奔潰어ᄂᆞᆯ
茂貞等이乘勝ᄒᆞ야進至三橋ᄒᆞ니京師ㅣ大震이러라

九月에覃王嗣周로써招討使을삼아셔兵三萬을帥ᄒᆞ고興平에軍ᄒᆞ니茂貞이王行
瑜를約ᄒᆞ야兵六萬을合ᄒᆞ야써拒ᄒᆞ니禁軍이다風을望ᄒᆞ고奔潰ᄒᆞ거ᄂᆞᆯ茂貞等이
勝ᄒᆞᆷ을乘ᄒᆞ야進ᄒᆞ야三橋에至ᄒᆞ니京師ㅣ크게震ᄒᆞ더라

(甲寅)乾寧元年이라春正月에以右散騎常侍鄭綮로(康禮反)爲禮
部侍郎同平章事ᄒᆞ다綮ㅣ好詼諧ᄒᆞ고(釋義好去聲詼諧俳優戲也)多爲歇後詩ᄒᆞ야譏

嘲時事어늘上이以爲有所蘊이라ᄒᆞ야手注班簿ᄒᆞ야命以爲相ᄒᆞ니聞者ㅣ
大驚이러라 堂吏ㅣ往告之ᄒᆞᆫ대 綮ㅣ笑曰諸君이大誤로다使天下로更
無人이라도未至鄭綮니라 吏曰特出聖意니이다 綮ㅣ曰果如是면奈
人笑에何오既已오賀客이至어늘綮ㅣ搔首言曰歇後鄭五ㅣ作宰
相ᄒᆞ니時事를可知矣로다ᄒᆞ고累讓不獲ᄒᆞ니乃視事ᄒᆞ다

乾寧元年이라春正月에右散騎常侍鄭綮로써禮部侍郞同平章事을ᄉᆞᆷ다綮ㅣ詼諧을好ᄒᆞ고만히歇後詩을허서時事을譏嘲ᄒᆞ거늘上이써ᄒᆞ되蘊ᄒᆞᆫ바이有ᄒᆞᆷ이라ᄒᆞ야手로班簿을注ᄒᆞ야命ᄒᆞ야써相을ᄉᆞᆷ아더니聞ᄒᆞ난者크게驚ᄒᆞ더라堂吏ㅣ往ᄒᆞ야告ᄒᆞᆫ되綮ㅣ笑ᄒᆞ야曰諸君이크게誤ᄒᆞ도다天下로ᄒᆞ야곰更히人이無ᄒᆞ더라도鄭綮에게至치못ᄒᆞᆯ터이니라吏曰特히聖意에出하야ᄂᆞ이다綮ㅣ曰과연是와如ᄒᆞ면人에笑ᄒᆞᆷ을웃지할고既已오賀客이至ᄒᆞ거늘綮ㅣ首을搔ᄒᆞ고言ᄒᆞ야曰歇後鄭五가宰相을作ᄒᆞ니時事을可히知ᄒᆞ리로累히讓ᄒᆞ야獲지못ᄒᆞ니이에事을視ᄒᆞ다

(乙卯)二年이라王行瑜李茂貞韓建이各將精兵數千ᄒᆞ고入朝ᄒᆞ야
奏稱ᄒᆞ되南北司ㅣ互有朋黨ᄒᆞ야隳紊朝政ᄒᆞ고韋昭度ㅣ討西川ᄒᆞᆯ서失

策ᄒᆞ고李谿作相에不合衆心ᄒᆞ니請誅之니이다上이未之許어ᄂᆞᆯ是日에行瑜等이殺昭度谿於都亭驛ᄒᆞ다

二年이라王行瑜李茂貞韓建이各히精兵數千을將ᄒᆞ고朝에入ᄒᆞ야奏稱호ᄃᆡ南北司ㅣ설우朋黨이有ᄒᆞ야朝政을墮紊ᄒᆞ고韋昭度ㅣ西川을討ᄒᆞᆯ시策을失ᄒᆞ고李谿ㅣ相을作ᄒᆞᆷ의衆心이合지못ᄒᆞ니請컨ᄃᆡ誅ᄒᆞ여이라上이許치안니ᄒᆞ거ᄂᆞᆯ이날에行瑜에等이昭度와谿을都亭驛에셔殺ᄒᆞ다

李克用이大擧蕃漢兵ᄒᆞ야南下討王行瑜ᄒᆞᆯ서上이詔克用ᄒᆞ야令且赦ᄒᆞ니茂貞이倂力討行瑜ᄒᆞ다十一月에克用이進逼邪州ᄒᆞ니行瑜ㅣ棄城走어ᄂᆞᆯ克用이追斬之ᄒᆞ다

李克用이크게蕃漢에兵을擧ᄒᆞ야南으로下ᄒᆞ야王行瑜을討ᄒᆞᆯ시上이克用의게詔ᄒᆞ야令ᄒᆞ야ᄯᅩ赦ᄒᆞ니茂貞이力을倂ᄒᆞ야行瑜을討ᄒᆞ다十一月에克用이進ᄒᆞ야邪州에逼ᄒᆞ니行瑜ㅣ城을棄ᄒᆞ고走ᄒᆞ거ᄂᆞᆯ克用이追ᄒᆞ야斬ᄒᆞ다

十二月에進克用ᄒᆞ야爵晋王ᄒᆞ다三年에李茂貞이犯京師어ᄂᆞᆯ帝ㅣ將幸太原ᄒᆞᆯ서韓建이請幸華州어ᄂᆞᆯ上이從之ᄒᆞ다茂貞이遂入長安ᄒᆞ야自

中和以來로所葺宮室市肆을燔燒俱盡ᄒᆞ다

十二月에克用을進ᄒᆞ야晉王을爵ᄒᆞ다三年에李茂貞이京師을犯ᄒᆞ거늘帝ㅣ장찻太原으로幸ᄒᆞᆯ시韓建이華州로幸ᄒᆞ기을請ᄒᆞ거늘上이從ᄒᆞ다茂貞이드듸여長安에入ᄒᆞ야中和로부터써來ᄒᆞᆷ으로葺ᄒᆞᆫ바宮室과市肆을燔燒ᄒᆞ야俱히盡ᄒᆞ다

錢鏐ㅣ克越州ᄒᆞ고斬董昌ᄒᆞ니以鏐로爲鎭海節度使ᄒᆞ다

錢鏐ㅣ越州을克ᄒᆞ고董昌을斬ᄒᆞ니鏐로써鎭海節度使을삼다

(丁巳)四年이라王審知ㅣ自稱福建留後ᄒᆞ다 後爲閩王

丁巳四年이라王審知ㅣ스ᄉᆞ로福建留後라稱ᄒᆞ다

(戊午)光化元年이라李茂貞이與朱全忠으로皆欲發兵ᄒᆞ야 迎天子

어늘八月에車駕ㅣ還京師ᄒᆞ다

光化元年이라李茂貞이朱全忠으로與ᄒᆞ야다兵을發ᄒᆞ야天子를迎ᄒᆞ고자ᄒᆞ거늘八月에車駕ㅣ京師에還ᄒᆞ다

(庚申)三年이라以崔胤으로爲門下侍郎平同章事ᄒᆞ야 專制朝政ᄒᆞ다

初에崔胤이與上으로密謀盡誅宦官ᄒᆞ니 宦官이益懼ᄒᆞ더라 自華州로

還ᄒᆞ야忽忽不樂ᄒᆞ야多縱酒ᄒᆞ고喜怒을不常ᄒᆞ니左右ㅣ尤自危러라於是에中尉劉季述과王仲先과樞密使王彥範과薛齊偓等이陰謀廢立ᄒᆞᆯ서乃引兵突入宣化門ᄒᆞ야季述이進曰陛下ㅣ厭倦大寶ᄒᆞ신듸中外羣情이願太子監國ᄒᆞ니請陛下ᄂᆞᆫ保頤東宮ᄒᆞ소서乃扶上與后ᄒᆞ야同輦ᄒᆞ니嬪御侍從者ㅣ纔十餘人이라適少陽院ᄒᆞ야季述이以銀撾로畫地ᄒᆞ야數上罪數十ᄒᆞ고乃鎖其門ᄒᆞ야鎔鐵錮之ᄒᆞ고(釋義 錮音固鑄塞之也)穴墻ᄒᆞ야以通飮食ᄒᆞ다(釋義 穴墻謂穿墻爲穴也)季述等이矯詔ᄒᆞ야令太子裕로監國이러니尋使即皇帝位ᄒᆞ다

三年이라崔胤으로써門下侍郎同平章事을삼어서朝政을專制ᄒᆞ다쳐음에崔胤이上으로더부러宦官을盡誅ᄒᆞ기를密謀ᄒᆞ니宦官이益懼ᄒᆞ더라上이華州로붓터還ᄒᆞ야忽忽이樂치안니ᄒᆞ야多히酒에縱ᄒᆞ고喜怒을常히안니ᄒᆞ니左右ㅣ더욱스ᄉᆞ로危ᄒᆞ더라이에中尉劉季述과王仲先과樞密使王彥範과薛齊偓에等이廢立ᄒᆞ기을陰히謀ᄒᆞᆯ식이에兵을引ᄒᆞ고宣化門에突入ᄒᆞ야季述이進ᄒᆞ야曰陛下ㅣ大寶을厭倦ᄒᆞ신듸中外에羣情이太子로監國ᄒᆞᆷ을願ᄒᆞ니청컨듸陛下ᄂᆞᆫ東宮을保頤ᄒᆞ소

서이에上과다못后을扶ᄒᆞ야輦을同히ᄒᆞ니嬪御에侍從ᄒᆞᄂᆞᆫ者纔히十餘人이라少陽院에適ᄒᆞ야季述이銀檛로써地을畫ᄒᆞ야上에罪數十을數ᄒᆞ고이에그門을鎖ᄒᆞ야鐵을鎔ᄒᆞ야錮ᄒᆞ고墻을穴ᄒᆞ야써飮食을通ᄒᆞ다季述等이詔을矯ᄒᆞ야太子裕로ᄒᆞ야금國을監ᄒᆞ더니마참ᄂᆡ ᄒᆞ야금皇帝位에即ᄒᆞ다

朱全忠이聞亂ᄒᆞ고至大梁ᄒᆞ니季述이遣其養子希度ᄒᆞ야詣全忠ᄒᆞ야許以唐社稷으로輸之어늘李振이勸全忠ᄒᆞ야誅季述호ᄃᆡ全忠이乃囚希度ᄒᆞ고遣振如京師詷事ᄒᆞ니崔胤이密遣人ᄒᆞ야說神策指揮使孫德昭ᄒᆞ야誅季述等ᄒᆞ다

朱全忠이亂을聞ᄒᆞ고大梁에至ᄒᆞ니季述이그養子希度을遣ᄒᆞ야全忠의게詣ᄒᆞ야唐社稷으로써許ᄒᆞ야輸ᄒᆞ거ᄂᆞᆯ李振이全忠을勸ᄒᆞ야季述을誅ᄒᆞ라호ᄃᆡ全忠니이에希度을囚ᄒᆞ고振을遣ᄒᆞ야京師에如ᄒᆞ야事를詷ᄒᆞ니崔胤이密히人을遣ᄒᆞ야神策指揮使孫德昭을說ᄒᆞ야季述에무리을誅ᄒᆞ다

(辛酉)天復元年이라春正月朔에王仲先이入朝어늘孫德昭ㅣ擒斬之호ᄃᆡ崔胤이乃迎上ᄒᆞ야御長樂門樓ᄒᆞ고帥百官稱賀호서周承誨ㅣ

擒劉季述王彥範ᄒᆞ야 繼至어ᄂᆞᆯ 方詰責이러니 已爲亂梃所斃ᄒᆞ고 梃持鼎反杖也

薛齊偓은 赴井死어ᄂᆞᆯ 出而斬之ᄒᆞ고 滅四人之族ᄒᆞ다

天復元年이라 春正月朔에 王仲先이 入ᄒᆞ야 朝ᄒᆞ거ᄂᆞᆯ 孫德昭ㅣ 擒ᄒᆞ야 斬ᄒᆞᆫ디 崔胤이 이에 上을 迎ᄒᆞ야 長樂門樓에 御ᄒᆞ고 百官을 帥ᄒᆞ고 賀을 稱ᄒᆞᆯ시 周承誨ㅣ 劉季述과 王彥範을 擒ᄒᆞ야 繼至ᄒᆞ거ᄂᆞᆯ 方히 詰責ᄒᆞ더니 임의 亂梃에 斃ᄒᆞᆫ비되고 薛齊偓은 井에 赴ᄒᆞ야 死ᄒᆞ거ᄂᆞᆯ 出ᄒᆞ야 斬ᄒᆞ고 四人에 族을 滅ᄒᆞ다

鳳翔節度使李茂貞이 入朝어ᄂᆞᆯ 進爵岐王ᄒᆞ다

鳳翔節度使李茂貞이 入ᄒᆞ야 朝ᄒᆞ거ᄂᆞᆯ 進ᄒᆞ야 岐王을 爵ᄒᆞ다

崔胤이 以宦官으로 典兵이면 終爲肘腋之患이라ᄒᆞ야 諷茂貞ᄒᆞ야 留兵三千於京師ᄒᆞ야 充宿衛ᄒᆞ다 時에 朱全忠과 李茂貞이 各有挾天子令諸侯之意ᄒᆞ야 全忠은 欲上幸東都ᄒᆞ고 茂貞은 欲上幸鳳翔이어ᄂᆞᆯ 胤이 知謀泄事急ᄒᆞ고 遺朱全忠書ᄒᆞ되 稱被密詔라ᄒᆞ야 令全忠으로 以兵迎車駕ᄒᆞ고 且言昨者返正은 皆令公良圖而鳳翔이 先入朝ᄒᆞ야 抄取

其功ᄒᆞ니 今不速來면 必成罪人ᄒᆞ리니 豈惟功爲他人所有ㅣ리오 且
見征討矣리라 全忠이 得書ᄒᆞ고 十月에 大擧ᄒᆞ야 發兵大梁ᄒᆞ다

崔胤이써宦官이兵을典ᄒᆞ면맛ᄎᆞᆷ니肘腋에患이된다ᄒᆞ야茂貞을諷ᄒᆞ야兵三千을
京師에留ᄒᆞ야宿衛에充ᄒᆞ다時에朱全忠과李茂貞이각〻天子을挾ᄒᆞ야諸侯을令
ᄒᆞᆯ意가有ᄒᆞ야全忠은上을東都에幸ᄒᆞ고ᄌᆞᄒᆞ고茂貞은上을鳳翔에幸ᄒᆞ고자ᄒᆞ거
ᄂᆞᆯ胤이謀가泄ᄒᆞ고事가急ᄒᆞᆷ을知ᄒᆞ고朱全忠에게書을遺ᄒᆞ야密詔을被ᄒᆞ얏다稱
ᄒᆞ야全忠으로ᄒᆞ야금兵으로써車駕을迎ᄒᆞ게ᄒᆞ고또言호ᄃᆡ昨者에反正은皆히令
公에良圖ᄒᆞᆷ이니鳳翔이先히朝에入ᄒᆞ야그功을抄取ᄒᆞ게ᄒᆞ니이제速히來ᄒᆞ지안
니ᄒᆞ면반다시罪人을成ᄒᆞ리니읏지오즉功만他人에有ᄒᆞᆯ바되리오또征討ᄅᆞᆯ見ᄒᆞ
리라全忠이書을得ᄒᆞ고十月에大擧ᄒᆞ야大梁에兵을發ᄒᆞ다

朱全忠이 至河中ᄒᆞ야 表請車駕ㅣ 幸東都ᄒᆞᆫᄃᆡ 京師ㅣ 大駭러라 十一
月에 中尉ㅣ 韓全誨等이 陳兵殿前ᄒᆞ고 請幸鳳翔이어ᄂᆞᆯ 上이 不得已
ᄒᆞ야 乃與皇后妃嬪諸王百餘人으로 皆上馬慟哭ᄒᆞ니 聲不絶이라 全
誨等이 遂火宮城ᄒᆞ고 車駕ㅣ 幸鳳翔ᄒᆞ다

朱全忠이河中에至ᄒᆞ야表ᄒᆞ야車駕ㅣ東都에幸ᄒᆞ기을請ᄒᆞᆫᄃᆡ京師ㅣ크게駭ᄒᆞᄂᆞᆫ
지라十一月에中尉韓全誨等이兵을殿前에陳ᄒᆞ고鳳翔에幸ᄒᆞᆷ을請ᄒᆞ거ᄂᆞᆯ上이말
믈得지못ᄒᆞ야이에皇后와妃嬪과諸王百餘人으로더부러다馬에上ᄒᆞ야慟哭ᄒᆞ니
聲이絶치안니ᄒᆞᄂᆞᆫ지라全誨等이드듸여宮城을火ᄒᆞ고車駕ㅣ鳳翔에幸ᄒᆞ다
(壬戌)二年이라十一月에 朱全忠이 進攻鳳翔ᄒᆞ니 李茂貞이 出戰
累敗ᄒᆞ고儲峙已竭이라上이乃召李茂貞等ᄒᆞ야議與全忠으로和ᄒᆞ다
二年이라十一月에朱全忠이進ᄒᆞ야鳳翔을攻ᄒᆞ니李茂貞이出戰ᄒᆞ야累敗ᄒᆞ고儲
峙가已竭ᄒᆞᆫ지라上이이에李茂貞에무리을召ᄒᆞ야議ᄒᆞ야全忠으로더브러和ᄒᆞ다
(癸亥)三年이라 正月에 茂貞이獨見上ᄒᆞ고請誅韓全誨等ᄒᆞ고 與朱
全忠으로和ᄒᆞ야奉車駕還京ᄒᆞᆫᄃᆡ上이喜ᄒᆞ야 即收全誨斬之ᄒᆞ고遣使ᄒᆞ야囊
全誨等首ᄒᆞ야以示全忠ᄒᆞ니時에 鳳翔所誅宦官이已七十二人이요
朱全忠이又密令京兆ᄒᆞ야捕誅九十人ᄒᆞ다甲子에車駕ㅣ 出鳳翔
幸全忠營ᄒᆞ야己巳에入長安ᄒᆞ다
三年이라正月에茂貞이홀로上게見ᄒᆞ고韓全誨等을誅ᄒᆞ고朱全忠으로더부러和

ᄒᆞ야車駕을奉ᄒᆞ고京에還ᄒᆞ기를請ᄒᆞᆫᄃᆡ上이喜ᄒᆞ야卽히全誨을收ᄒᆞ야斬ᄒᆞ고使을遣ᄒᆞ야全誨에무리에首을囊ᄒᆞ야써全忠을示ᄒᆞ니時에鳳翔에셔誅ᄒᆞᆫ바宦官이임의七十二人이오朱全忠이ᄯᅩ密히京兆로令ᄒᆞ야九十人을捕ᄒᆞ야誅ᄒᆞ다甲子에車駕ㅣ鳳翔에出ᄒᆞ야全忠營에幸ᄒᆞ야己巳에長安에入ᄒᆞ다

崔胤이奏ᄒᆞᄃᆡ國初承平之時에 宦官이 不典兵預政이러니 天寶以來로宦官이寢盛ᄒᆞ야 貞元之末에 分羽林衛ᄒᆞ야 爲左右神策軍ᄒᆞ야以便衛從ᄒᆞᆯ셔 始令宦官으로主之ᄒᆞ야 以二千人으로 爲定制ᄒᆞ니自是로參掌機密ᄒᆞ야 奪百司權ᄒᆞ고 上下彌縫ᄒᆞ야 共爲不法ᄒᆞ야 大則構扇藩鎭ᄒᆞ야傾危國家ᄒᆞ고小則賣官鬻獄ᄒᆞ야 蠹害朝政ᄒᆞ니王室衰亂이職此之由라 不翦其根이면 禍終不已ᄒᆞ리니 請悉罷內諸司ᄒᆞ야 使其事務로 盡歸之省寺ᄒᆞ고 諸道監軍을 俱召還闕下ᄒᆞ야지이다 上이 從之ᄒᆞ다

崔胤이奏ᄒᆞᄃᆡ國初承平ᄒᆞᆯ時에宦官이典兵과預政을못ᄒᆞ더니天寶써來ᄒᆞᆷ으로宦官이寢盛ᄒᆞ야貞元末에羽林衛를分ᄒᆞ야ㅣ左右神策軍을삼어셔써衛從에便케

ᄒᆞᆯ시비로소宦官으로ᄒᆞ야금主ᄒᆞ야二千人으로써定制을爲ᄒᆞ니是로自ᄒᆞ야機密을參掌ᄒᆞ야百司에權을奪ᄒᆞ고上下로彌縫ᄒᆞ야共히法에안니믈爲ᄒᆞ야큰즉藩鎭을構扇ᄒᆞ야國家을傾危케ᄒᆞ고쟉은즉官을賣ᄒᆞ고獄을鬻ᄒᆞ야朝政을蠹害ᄒᆞ니王室에衰亂홈니職히此을由홈이라그根을翦치안이ᄒᆞ면禍가맛참니말지안니ᄒᆞᆯ거시니請컨ᄃᆡ內諸司ᄅᆞᆯ悉罷ᄒᆞ야그事務로ᄒᆞ야금다省寺에歸ᄒᆞ고諸道監軍을俱히闕下에召還ᄒᆞ야지이다上이從ᄒᆞ다

是日에全忠이以兵으로驅第五可範已下數百人於內侍省ᄒᆞ야盡殺之ᄒᆞ니寃號之聲이徹於內外러라又出使者ᄒᆞ야詔所在ᄒᆞ야收捕誅之ᄒᆞ고止留黃衣幼弱者三十人ᄒᆞ야以備洒掃ᄒᆞ다

是日에全忠이兵으로써第五可範已下數百人을內侍省에驅ᄒᆞ야盡히殺ᄒᆞ니寃號에聲이內外에徹ᄒᆞ더라또使者을出ᄒᆞ야在ᄒᆞᆫ바에詔ᄒᆞ야收捕ᄒᆞ야誅ᄒᆞ고黃衣幼弱ᄒᆞᆫ者三十人을止留ᄒᆞ야써洒掃을備케ᄒᆞ다

溫公曰宦者用權爲國家患其來久矣蓋以出入宮禁人主自幼及長與之親狎非如三公六卿進見有時可嚴憚也其間復有性識儇利（釋義儇呼緣反慧也利銛也 徐廣曰儇謂察慧輕薄小才）語言辯給善伺

候顔色承迎志趣受命則無違忤之患使令則有稱愜之效愜詰協反自非上智之主燭知物情慮患深遠侍奉之外不任以事則近者日親遠者日踈甘言卑辭之請有時而從浸潤膚受之愬有時而聽於是黜陟刑賞之政釋義黜貶也陟升也潛移於近習而不自知如飲醇酒嗜其味而忘其醉也黜陟刑賞之柄移而國家不危亂者未之有也東漢之衰宦官最名驕橫釋義横胡孟反不順理曰横也然皆假人主之權依憑城社釋義洪容齋曰城狐不灌社鼠不燻謂其所棲定者得所憑依此古語也故議論者率指人君左右近習爲城狐社鼠予嘗讀劉向說苑所載孟嘗君之客曰狐人之所攻鼠人之所燻臣未見城狐見攻社鼠見燻何則所託者然也以濁亂天下未有能劫脅天子如制嬰兒廢置在手東西出其意使天子畏之若乘虎狼而挾蛇虺釋義虺許偉反如唐世者也所以然者非他漢不握兵唐握兵故也太宗監前世之獘深抑宦官無得過四品明皇始隳舊章是崇是長晩節令高力士省決章奏乃至進退將相時與之議自太子王公皆畏事之宦官自此熾矣及中原板蕩肅宗收兵靈武李輔國以東宮舊隷參預軍謀寵過而驕不復能制遂至愛子慈父皆不能庇以憂悸終釋義悸其季反心動也代宗踐阼仍遵覆轍程元振魚朝恩相繼用事竊弄刑賞壅蔽聰明視天子如委裘陵宰相如奴虜是以來瑱句他反入朝遇讒賜死吐蕃深侵郊甸匿不以聞致狠狽幸陜李光弼危疑憤鬱以隕其生郭子儀擯廢家居不保丘壠僕固懷恩寃抑無訴遂棄勳庸更爲叛亂德宗初立頗振綱紀宦官稍絀救律反而返自興元猜忌諸將以李晟渾瑊爲不可信悉奪其兵而以竇文場霍仙鳴爲中尉使典宿

衞自是大阿之柄落其掌握矣憲宗末年吐突承璀欲廢嫡立庶以成陳弘志之變寶曆狎暱群小劉克明蘇佐明爲逆其後絳王及文武宣懿僖昭六帝皆爲宦官所立勢益驕橫王守澄仇士良田令孜楊復恭劉季述韓全誨爲之魁傑自稱定策國老目天子爲門生根深蔕固（蔕丁計反）疾成膏肓不可救藥矣（釋義膏心下也肓膈上也春秋左傳云在肓之上膏之下攻之不可）文宗深憤其然志欲除之宋申錫之賢猶不能有所爲反受其殃况李訓鄭注反覆小人欲以一朝譎詐之謀翦累世膠固之黨遂至涉血禁塗積尸省戶公卿大臣連頸就誅闔門屠滅天子陽瘖縱酒飲泣吞氣自比赧獻不亦悲乎（釋義赧謂周赧王獻謂漢獻帝也）以宣宗之嚴毅明察猶閉目搖首自謂畏之况懿僖之驕侈苟聲色毬獵足充其欲則政事一以付之呼之以父固無恠矣賊汙宮闕兩幸梁益皆令孜所爲也昭宗不勝其恥力欲清滌而所任不得其人所行不由其道始則張濬覆軍於平陽增李克用跋扈之勢復恭亡命於山南啓宋文通不臣之心終則兵交闕庭矢及御衣漂泊莎城（釋義莎素河反）流寓華陰幽辱東內刼遷岐陽崔昌遐無如之何更召朱全忠以討之連兵圍城再羅寒暑御膳不足於糗糒（釋義糗去久反又救丘王侯反糒平泌反乾糧也）斃踣於飢寒（踣蒲墨反僵也仆也）然後全誨就誅乘輿東出翦滅其黨靡有孑遺而唐之廟社因以丘墟矣然則宦者之禍始於明皇盛於肅代成於德宗極於昭宗易曰履霜堅冰至爲國家者防微杜漸可不愼其始哉此其爲患章々尤著者也自餘傷賢害能召亂致禍賣官鬻獄沮敗師徒蠹害烝民不可徧舉夫寺人之官（寺時吏反奄官也）自三王之世載於詩禮所以謹閨闥之禁通內外之言安可無也如巷伯之疾惡（釋義巷伯詩篇名詩曰取彼譖人投畀豺虎豺虎不食投畀有北有北不受投畀有昊寺人孟子作爲此詩文）

公傳曰巷是宮中道名秦漢所謂永巷也伯長也主宮內道官之長即寺人也蓋以譖被宮而爲此官孟子其字也投棄畀與之而不食不受言譖讒之人物所共惡投畀昊天使制其罪此皆設言以見欲其死亡之甚也 寺人

披之事君 釋義寺人內小臣也名披春秋作勃鞮史晉世家晉獻公子重耳遭驪姬之譖走保蒲獻公命寺人披伐蒲重耳踰垣而走寺人披追之斬其衣袂後重耳立是爲文公寺人披請見文公讓之披對曰君命

無二古之制也 鄭衆之辭賞 釋義漢和時鄭衆首謀誅竇憲以功遷大長秋策勳班賞每辭多受少 呂彊之直諫 釋義漢靈時呂彊諫止封賞諫導行費諫選擧法 曹日升

之救患 釋義肅宗時賊圍南陽甚急曹日升請與十騎冒圍入城宣尉賊不敢入城中大喜 馬存亮之弭亂 釋義敬宗初染署工張韶與卜者蘇元明爲變好亮遣神策騎兵射詔及元明皆死

楊復光之討賊 釋義楊復光僖宗時帥八都將以敗朱溫 嚴遵美之避權 釋義嚴遵美昭宗時歷軍容使嘗嘆曰北司供奉官以胯衫給事今執笏過矣後隱靑城山 張承

業之竭忠 釋義張承業僖宗時宦者後唐莊宗將即位承業請求前唐之後立之莊宗不聽遂不食卒 其中豈無賢才乎顧人主不當與之謀

議政事進退士大夫使有威福足以動人耳果或有罪小則刑之大則誅之無所寬赦如

此雖使之專橫孰敢哉豈敢不察臧否不擇是非欲草薙而禽獮之 釋義王氏曰草薙禽獮謂翦除其根之義也記月令

篇季夏燒薙行水利以殺草註薙他計直履二反芟草也獮息淺反殺也說文秋獵曰獮應殺氣也 能無亂乎是以袁紹行之於前而董卓弱漢崔昌

遐襲之於後而朱氏篡唐雖快一時之忿而國隨以亡是猶惡衣之垢而焚之惡木之

蠹而伐之其爲害豈不益多哉孔子曰人而不仁疾之已甚亂也斯之謂矣

甲子天祐元年이라春正月에朱全忠이密表崔胤이專權亂國

호고離間君臣이라호야幷其黨鄭元規陳班等호야皆誅之호고遣牙將寇

彥卿호야奉表稱邠岐兵이逼畿甸이라호고請上遷都洛陽호다

天祐元年이라春正月에朱全忠이密히表ᄒᆞ야崔胤이權을專ᄒᆞ야國을亂ᄒᆞ고君臣을離間한다ᄒᆞ야그무리鄭元規와陳班에等을幷ᄒᆞ야다誅ᄒᆞ고牙將寇彦卿을遣ᄒᆞ야表을奉ᄒᆞ야邠岐兵이畿甸에逼ᄒᆞᆫ다稱ᄒᆞ고上게都을洛陽에遷ᄒᆞ기을請ᄒᆞ다

壬戌에車駕ㅣ發長安이어늘全忠이以張廷範으로爲御營使ᄒᆞ야毁長安宮室百司及民間廬舍ᄒᆞ니長安이自是로遂丘墟矣러라上이至洛陽ᄒᆞ니全忠이使蔣玄暉로弑之ᄒᆞ고立輝王ᄒᆞ야爲皇太子ᄒᆞ다

壬戌에車駕ㅣ長安에發ᄒᆞ거늘全忠이張廷範으로써御營使을숨아셔長安宮室百司와밋民間에廬을毁ᄒᆞ니長安이是로自ᄒᆞ야드듸여丘墟가되더라上이洛陽에至ᄒᆞ거늘全忠이蔣玄暉로ᄒᆞ야곰弑ᄒᆞ고輝王으로立ᄒᆞ야太子을숨다

封錢鏐ᄒᆞ야爲吳越王ᄒᆞ다

錢鏐을封ᄒᆞ야吳越王을숨다

昭宣帝 名祝宣宗第九子 謚曰哀帝　在位三年　壽十七

(乙丑)天祐二年이라五月에彗星이長竟天ᄒᆞ니占者曰君臣이俱

灾ᄒᆞ리니 宜誅殺以應之ᄒᆞ소서

天祐二年이라五月에彗星이長히天에竟ᄒᆞ니占者ㅣ갈오ᄃᆡ君과臣이俱히災ᄒᆞ리니맛당이誅殺ᄒᆞ야써應ᄒᆞ소서

六月에 全忠이 聚朝士貶官者三十餘人於白馬驛ᄒᆞ야 一夕에 盡殺之ᄒᆞ야 投尸于河ᄒᆞ다 初에 李振이 屢擧進士ᄒᆞ야 竟不中第故로 深嫉縉紳之士ᄒᆞ야 言於全忠曰此輩ㅣ常自謂淸流ㅣ니 宜投之黃河ᄒᆞ야 使爲濁流ㅣ니다 全忠이 笑而從之ᄒᆞ다

六月에全忠이朝士에貶官ᄒᆞᆫ者二十餘人을白馬驛에聚ᄒᆞ야一夕에盡殺ᄒᆞ야尸을河에投ᄒᆞ다처음에李振이進士을屢히擧ᄒᆞ야맛참ᄂᆡ第에中ᄒᆞ지못ᄒᆞᆫ故로深히縉紳에士을嫉ᄒᆞ야全忠에게言ᄒᆞ여曰此輩ㅣ常히淸流라自謂ᄒᆞ니맛당이黃河에投ᄒᆞ야하야금濁流을삼을지이라全忠이笑ᄒᆞ고從ᄒᆞ다

吳王楊行密이 薨ᄒᆞ거ᄂᆞᆯ 其子渥이 自立ᄒᆞ야 爲弘農郡王ᄒᆞ다

吳王楊行密이薨ᄒᆞ거ᄂᆞᆯ그子渥이ᄉᆞᄉᆞ로立ᄒᆞ야弘農郡王이되다

以朱全忠으로 爲相國ᄒᆞ야 進封梁王ᄒᆞ고 加九錫ᄒᆞ다 契丹之先이 自唐

昭宗天復元年으로 契丹痕德菫可汗이 以耶律阿保機로 爲夷
离菫ᄒᆞ다 釋義 洗离菫掌部族軍民之政猶中國使相也 初에 炎帝之裔는 曰葛烏兎라 世雄朔漠ᄒᆞ니
號을 東胡라 匈奴冒頓單于ㅣ 襲破之ᄒᆞ니 餘衆이 保鮮卑山이러니 魏
靑龍中에 幽州刺史王雄이 殺其酋比能ᄒᆞ니 衆이 散徙潢水러니 至
酋莫那에 還于遼西ᄒᆞ야 九傳而爲慕容皝에 所破ᄒᆞ야 分其衆爲
三ᄒᆞ니 曰宇文과 曰庫莫奚와 曰契丹이니 元魏初에 衆이 稍滋蔓而
契丹酋奇首ㅣ 居潢河土河之間ᄒᆞ야 有子八人ᄒᆞ니 各自爲部러라
高句麗柔然이 謀擊之ᄒᆞᆫ듸 大酋莫弗賀勿于ㅣ 懼ᄒᆞ야 率部落三
千乘ᄒᆞ고 請附于魏ᄒᆞ고 因居白狼水東ᄒᆞ다

朱全忠으로써相國을삼아셔나가梁王을封ᄒᆞ고九錫을加ᄒᆞ다契丹이唐昭宗天復
元年으로브터契丹痕德菫可汗이耶律阿保機로써夷离菫을삼다처음에炎帝에裔
ᄂᆞᆫ갈오ᄃᆡ葛烏兎라世로朔漠에雄ᄒᆞ니일음을東胡라匈奴冒頓單于ㅣ襲ᄒᆞ야破ᄒᆞ
니나문무리가鮮卑山에保ᄒᆞ더니魏靑龍中에幽州刺史王雄이그酋比能을殺ᄒᆞ니

무리가潢水에散徙ᄒᆞ얏더니酋莫那에至ᄒᆞ야遼西에遷ᄒᆞ야九傳ᄒᆞ야慕容皝에破ᄒᆞᆫ바되여셔그무리ᄅᆞᆯ分ᄒᆞ야三이되여시니曰宇文과曰庫莫奚와曰契丹이니元魏ㅣ初에무리가稍히滋蔓ᄒᆞᆫ야契丹酋奇首ㅣ潢河와土河ㅅ이에居ᄒᆞ야子八人이有ᄒᆞ니각〻스〻로部가된지라高句麗柔然이擊ᄒᆞ기ᄅᆞᆯ謀ᄒᆞᆫᄃᆡ大酋莫弗賀勿于ㅣ懼ᄒᆞ야部落에三千乘을率ᄒᆞ고魏에附ᄒᆞ기ᄅᆞᆯ請ᄒᆞ고인ᄒᆞ야白狼水東에居ᄒᆞ다

唐初에大酋ㅣ號ᄂᆞᆫ大賀氏라有勝兵八萬이러니貞觀中에太宗이伐高麗ᄒᆞᆯ서首領窟哥ㅣ來朝어ᄂᆞᆯ詔ᄒᆞ야分其地ᄒᆞ야爲十州ᄒᆞ고以其部長으로爲刺史ᄒᆞ고拜窟哥ᄒᆞ야爲松漠都督ᄒᆞ고賜姓李氏ᄒᆞ야統領其衆이러니窟哥ㅣ死에其孫盡忠이叛이어ᄂᆞᆯ武后ㅣ遣師二十萬ᄒᆞ야連年乃克ᄒᆞ니餘衆이附于突厥ᄒᆞ다開元中에盡忠從弟失活이請降이어ᄂᆞᆯ詔ᄒᆞ야復以爲都督이러니失活이傳沙固ᄒᆞ야沙固ㅣ爲衙官可突干에所殺ᄒᆞ고弟ㅣ鬱于ㅣ嗣ᄒᆞ니라鬱于ㅣ死어ᄂᆞᆯ弟咄于ㅣ嗣ᄒᆞ니可突干이復逐之어ᄂᆞᆯ部人이共立咄于之弟邵固ᄒᆞ니可突干이殺邵固而立窟列ᄒᆞ야

以附于突厥ᄒᆞ다幽州刺史張守珪ㅣ討殺可突干이어늘 詔ᄒᆞ야封其別部長過折ᄒᆞ야爲北平王ᄒᆞ야以統大賀氏諸部러니 可突干之黨雅里ㅣ殺過折而立迪輦組里ᄒᆞ야 爲阻午可汗ᄒᆞ고改號遙輦氏ᄒᆞ고雅里ㅣ自爲迭刺部ᄒᆞ야輔阻午以爲政ᄒᆞᆯ서始立制度ᄒᆞ야 設官分地ᄒᆞ고刻木爲契ᄒᆞ고穴地爲牢焉이러라

唐처음에大酋의號ᄂᆞᆫ大賀氏라勝兵八萬이有ᄒᆞ더니貞觀中에太宗이高麗를伐ᄒᆞᆯ시首領窟可ㅣ來ᄒᆞ야朝ᄒᆞ거ᄂᆞᆯ詔ᄒᆞ야其地를分ᄒᆞ야十州를爲ᄒᆞ고그部長으로써刺史를삼고窟可를拜ᄒᆞ야松漠都督을삼고姓을李氏라賜ᄒᆞ야그무리를統領ᄒᆞ더니窟哥ㅣ死ᄒᆞ고미그孫盡忠이叛ᄒᆞ거ᄂᆞᆯ武后ㅣ師二十萬을遣ᄒᆞ야年을連ᄒᆞ야이에克ᄒᆞ니나믄衆이突厥에게附ᄒᆞ다開元中에盡忠에從弟失活이降을請ᄒᆞ거ᄂᆞᆯ詔ᄒᆞ야다시써都督을삼아더니失活이沙固에게傳ᄒᆞ야沙固ㅣ衙官可突干에殺ᄒᆞᆫ비되고弟ㅣ鬱于ㅣ嗣러니鬱于ㅣ死ᄒᆞ거ᄂᆞᆯ弟ㅣ咄于가嗣ᄒᆞ니可突干이復히逐ᄒᆞ거ᄂᆞᆯ部人이한가지咄于에弟邵固를立ᄒᆞ니可突干이邵固를殺ᄒᆞ고屈列을立ᄒᆞ야써突厥에게附ᄒᆞ다幽州刺史張守珪ㅣ可突干을討ᄒᆞ야殺ᄒᆞ거ᄂᆞᆯ詔ᄒᆞ야그별부쟝過折을封ᄒᆞ야北平王을삼고써大賀氏諸部를統ᄒᆞ더니可突干에무리雅里ㅣ過折을

殺ᄒᆞ고迪輦組里을立ᄒᆞ야阻午可汗을삼고일음을遙輦氏라改ᄒᆞ고雅里ㅣ스ᄉᆞ로迭剌部가되야서阻午을輔ᄒᆞ야써國政을爲할시비로소制度을立ᄒᆞ야官을設ᄒᆞ야地을分ᄒᆞ고木을刻ᄒᆞ야契을爲ᄒᆞ고地을穴ᄒᆞ야牢을爲ᄒᆞ더라

雅里者은本寄首之後라居潢河濱ᄒᆞ야號을審吉氏러니及易氏迭剌에因譯其始興之地世里ᄒᆞ야爲耶律而姓之러니天寶四年에詔賜阻午姓名ᄒᆞ야曰李懷秀라ᄒᆞ야仍爲松漠都督이러니懷秀ㅣ尋叛이어늘詔ᄒᆞ야更封別部長楷落ᄒᆞ야爲恭仁王ᄒᆞ야以代懷秀ᄒᆞ니楷落이自稱契丹王ᄒᆞ다會에安祿山이叛ᄒᆞ야朝貢이阻絕ᄒᆞ니其世次를莫得而詳이러라或이言其國이凡八部에常推其一部大人ᄒᆞ야建旗鼓ᄒᆞ고以主號令이나然이나其所稱耶瀾可汗과屈戍巴剌可汗과習爾之類는不知何部大人也라是年에習爾ㅣ死어늘其族人欽德이立ᄒᆞ니是爲痕德董可汗이라痕德董之世에諸部ㅣ多徵ᄒᆞ되而迭剌部ㅣ自雅里以後로世爲遙輦氏ᄒᆞ고夷離堇ᄒᆞ야掌其國政ᄒᆞ다

雅里란者ᄂᆞᆫ本寄首에後라潢河濱에居ᄒᆞ야號ᄅᆞᆯ審吉氏라ᄒᆞ더니易氏迭剌에及ᄒᆞ야因ᄒᆞ야그始興에地世里ᄅᆞᆯ譯ᄒᆞ야耶律을姓ᄒᆞ더니天寶四年에詔ᄒᆞ야阻午姓名을賜ᄒᆞ야曰李懷秀라ᄒᆞ야仍ᄒᆞ야松漠都督을삼다懷秀ㅣ尋叛ᄒᆞ거ᄂᆞᆯ詔ᄒᆞ야다시別部長楷落을封ᄒᆞ야恭仁王을삼아서ᄡᅥ懷秀ᄅᆞᆯ代ᄒᆞ얏더니楷落이ᄉᆞᄉᆞ로契丹王이라稱ᄒᆞ다會에安祿山이叛ᄒᆞ야朝貢이阻絕ᄒᆞ니그世次ᄅᆞᆯ으더詳치못ᄒᆞᆯ니라或이言ᄒᆞ되그國이무릇八部에常히그一部大人을推ᄒᆞ야旗鼓ᄅᆞᆯ建ᄒᆞ고ᄡᅥ號令을主ᄒᆞ나글어나그稱ᄒᆞᄂᆞᆫ바耶瀾可汗과屈戍巴剌可汗과習爾의類ᄂᆞᆫ何部에大人을知치못ᄒᆞᆯ지라是年에習爾ㅣ死ᄒᆞ거ᄂᆞᆯ그族人欽德이立ᄒᆞ니이게痕德菫可汗이된지라痕德菫의世에諸部ㅣ多히微ᄒᆞ되迭剌部ㅣ雅里ᄡᅥ後로自ᄒᆞ야世로遙輦氏에夷离菫이되야셔그國政을掌ᄒᆞ다

雅里에子ᄂᆞᆫ曰毗牒이라毗牒이生頦領ᄒᆞ고頦領이生耨里思ᄒᆞ니大度寡欲ᄒᆞ고令嚴衆附ᄒᆞ야部益盛强ᄒᆞ더니라 耨里思ㅣ生薩剌德ᄒᆞ고薩剌德이生勻德實ᄒᆞ니勻德實이教民稼穡ᄒᆞ고善畜牧ᄒᆞ야部以殷富ᄒᆞ더라勻德實이生撒剌的ᄒᆞ니撒剌的이始教民鼓鑄ᄒᆞ고其弟述瀾이又善用兵ᄒᆞ니于厥과室韋ㅣ奚霫이畏服之ᄒᆞ더라 初築城邑屋廬ᄒᆞ야以居ᄒᆞ고樹藝桑麻ᄒᆞ야以

織組焉하다阿保機는撒剌的의長子也라小字는啜里只니生而英異하야初爲撻馬狘沙里하니猶中國扈從官也러라數立功하니國人이服之하야號爲阿主沙里러니至是에授大迭烈府夷离堇하니得專用兵하야遂大破室韋于及厥奚諸國하다

雅里에子는曰毗牒이라毗牒이頦領을生하고頦領이耨里思를生하니度가大하고欲이寡하고令이嚴하며무리가附하야部가더욱盛하고强하더라耨里思ㅣ薩剌德을生하고薩剌德이勻德實을生하니民을稼穡을敎하고畜牧을善히하니部가써殷富하더라勻德實이撒剌的을生하니비로소民을鼓鑄를敎하고그弟述瀾이또用兵이善하니于厥과室韋ㅣ奚霫이畏하야服하더라처음으로城邑과屋廬을築하야써居하고桑과麻을樹藝하야써織組하다阿保機는撒剌的에長子也라小字는啜里只니生하미英異하야처음으로撻馬狘沙里가되니中國扈從官과갓흔지라자쥬功을立하니國人이服하야號을阿主沙里라하더니是에至하야大迭烈府夷离堇을授하니오로지用兵을得하야드듸여크게室韋于와밋厥奚諸國을破하다

天復二年이라阿保機ㅣ寇河東하야陷九郡하다

天復二年에阿保機ㅣ河東을寇하야九郡을陷하다

天復三年이라 十月에 契丹이 以阿保機로 爲于越ᄒᆞ야 總知國事ᄒᆞ고
遂作東樓于龍化州ᄒᆞ다 于越契丹至貴之職非有大功德者不授阿保機乃廣龍化州之東城建東樓以紀功
天復三年이라十月에契丹이阿保機로써于越을삼고國事을總知ᄒᆞ니드듸어東樓
를龍化州에作ᄒᆞ다
昭宣帝ㅣ天祐二年이라 秋八月에 晉王李克用이 遣使如契丹ᄒᆞᆫ듸
九月에 契丹阿保機ㅣ 以騎兵七萬으로 會晉王于雲中ᄒᆞ야 約爲
兄弟ᄒᆞ고 宴甚驩이러니 克用이 因與會師ᄒᆞ야 進擊劉仁恭ᄒᆞ야 拔數州ᄒᆞ고
盡徙其民ᄒᆞ고 復期共擊朱全忠ᄒᆞ니 阿保機ㅣ 許之ᄒᆞ다 或勸克用ᄒᆞ야
乘間拘阿保機于會어늘 克用이 不許曰讎敵을 未滅而失信夷
狄이 自亡之道也라니 阿保機ㅣ 旣去에 聞之ᄒᆞ고 乃背盟ᄒᆞ고 更附朱
全忠ᄒᆞ니 克用이 由是로 怨之ᄒᆞ더라
昭宣帝天祐二年이라秋八月에晉王李克用이使를遣ᄒᆞ야契丹에如ᄒᆞᆫ듸九月에契
丹阿保機ㅣ騎兵七萬으로써晉王을雲中에會ᄒᆞ야兄弟되기를約ᄒᆞ고宴ᄒᆞ야甚驩
ᄒᆞ거늘克用이因ᄒᆞ야더부러師을會ᄒᆞ야劉仁恭을나가擊ᄒᆞ야數州을拔ᄒᆞ고그民

을다徒ᄒᆞ고共히朱全忠擊ᄒᆞ기을다시期ᄒᆞ니阿保機ㅣ許ᄒᆞ다或이克用을勸ᄒᆞ야間을乘ᄒᆞ야阿保機을會에拘ᄒᆞ라ᄒᆞ거늘克用이許치안니ᄒᆞ야曰讎敵을滅치안니ᄒᆞ고信을夷狄에게失홈미ᄉᆞᄉᆞ로亡홀道니라阿保機ㅣ既히去ᄒᆞ미聞ᄒᆞ고이에盟을背ᄒᆞ고更히朱全忠에게附ᄒᆞ니克用이是로由ᄒᆞ야怨ᄒᆞ더라

(丙寅)天祐三年이라春二月에朱全忠이遣使如契丹ᄒᆞ다

天祐三年春二月에朱全忠이使을遣ᄒᆞ야契丹에如ᄒᆞ다

十一月에契丹阿保機ㅣ侵奚霫ᄒᆞ니(奚霫下晉習國名中京地也)女眞諸部ㅣ降之ᄒᆞ다

十一에契丹阿保機ㅣ奚霫을侵ᄒᆞ니女眞諸部ㅣ降ᄒᆞ다

十二月에契丹痕德菫可汗欽德이死ᄒᆞ다

十二月에契丹痕德菫可汗欽德이死ᄒᆞ다

(丁卯)春正月에其衆이請阿保機ᄒᆞ야爲可汗이어늘阿保機ㅣ乃命設壇告天ᄒᆞ고卽皇帝位ᄒᆞ니北宰相蕭轄刺며南宰相耶律歐里思ㅣ率其下ᄒᆞ고上尊號ᄒᆞ야曰天皇帝라ᄒᆞ고后述律氏는曰地皇后라ᄒᆞ다阿保機更名億ᄒᆞ고以曷魯로總軍事ᄒᆞ니是爲元年이러라(是年者爲梁太祖開平元年)

春正月에 그무리가阿保機을請ᄒᆞ야可汗을삼거늘阿保機ㅣ이에命ᄒᆞ야壇을設ᄒᆞ야天에告ᄒᆞ고皇帝位에即ᄒᆞ니北宰相蕭轄剌며南宰相耶律歐里思ㅣ그下을率ᄒᆞ고尊號을上ᄒᆞ야曰天皇帝라ᄒᆞ고后述律氏는曰地皇后라ᄒᆞ다阿保機ㅣ名을億이라更ᄒᆞ고曷魯로써軍事을總ᄒᆞ니이元年이되더라

(戊辰)二年이라十月에作明王樓ᄒᆞ고丙子에改元神册ᄒᆞ고大赦ᄒᆞ고立子倍ᄒᆞ야爲太子ᄒᆞ다 倍小字突欲也 丙戌에改元天顯ᄒᆞ고滅渤海ᄒᆞ야改爲東丹國ᄒᆞ야以子倍로爲人皇王ᄒᆞ야居之ᄒᆞ다七月에契丹主億이卒于扶餘廟어늘號을太祖ㅣ라ᄒᆞ고諡ᄒᆞ야曰大聖神烈皇帝ㅣ라ᄒᆞ다

二年이라十月에明王樓을作ᄒᆞ고丙子에元을神册이라改ᄒᆞ고크게赦ᄒᆞ고子倍을立ᄒᆞ야太子을삼다丙戌에元을天顯이라改ᄒᆞ고渤海을滅ᄒᆞ야改ᄒᆞ야東丹國이라ᄒᆞ며子倍로써人皇王을삼아셔居ᄒᆞ다七月에契丹主億이扶餘廟에셔卒ᄒᆞ거늘號을太祖라ᄒᆞ고諡ᄒᆞ야曰大聖神烈天皇帝라ᄒᆞ다

五代紀

按梁唐晉漢周舊各有一代之史本朝歐陽文忠公始刪爲五代史司馬温公所修資治通鑑雖取歐公一二論說而所援引事多是舊史其言辭詳略與歐陽公五代史多有同異

後梁紀

太祖皇帝　在位七年　壽六十一

名晃姓朱氏初名溫從黃巢爲盜背巢降于唐僖宗賜名全忠拜宣武軍節度使昭宗朝進封梁王挾天子以令天下遂移唐祚

(丁卯)唐天祐四年이라 四月以後梁太祖皇帝朱晃開平元年西川稱唐天復七年○是歲唐亡入梁晉岐淮南西川凡五國吳越湖南荊南福建嶺南凡五鎭 春三月에唐昭宣帝ㅣ降御札ᄒᆞ야禪位于梁ᄒᆞᆫᄃᆡ梁王이更名晃ᄒᆞ고 釋義更平聲晃胡廣反 卽皇帝位ᄒᆞ야國號을梁이라ᄒᆞ고奉帝爲濟陰王ᄒᆞ다

唐天祐四年이라春三月에唐昭宣帝ㅣ御札를降ᄒᆞ야位을梁에禪ᄒᆞᆫᄃᆡ梁王이名을晃이라更ᄒᆞ고皇帝位에卽ᄒᆞ야國號을梁이라ᄒᆞ고帝을奉ᄒᆞ야濟陰王을삼다

是時에惟河東鳳翔淮南이稱天祐ᄒᆞ고西川이稱天復年號ᄒᆞ고餘ᄂᆞᆫ皆禀梁正朔ᄒᆞ야稱臣奉貢ᄒᆞ더라

이ᄯᅢ에오쟉河東과鳳翔과淮南이天祐라稱ᄒᆞ고西川이天復年號을稱ᄒᆞ고餘ᄂᆞᆫ다梁에禀ᄒᆞ야朔을正ᄒᆞ고臣을稱ᄒᆞ고貢을奉ᄒᆞ더라

蜀王이遺晉王書云ᄒᆞᄃᆡ請各帝一方ᄒᆞ야俟朱溫旣平ᄒᆞ야乃訪唐

宗室立之ᄒᆞ고 退歸藩服이어늘 晉王이 復書不許曰誓於此生에 靡敢失節호리라 李克用平黃巢有大功唐昭宗封爲晉王後其子存勗襲位遂滅梁國號唐即莊宗也蜀王王建唐昭宗封爲蜀王後爲唐莊宗所滅孟知祥復據其地至宋朝國除

蜀王이 晉王에게 書을 遺ᄒᆞ야 云ᄒᆞ되 各히 一方에 帝ᄒᆞ야 朱温을 旣히 平ᄒᆞ기을 俟ᄒᆞ야 이에 唐宗室을 訪ᄒᆞ야 立ᄒᆞ고 藩服에 退歸ᄒᆞ기를 請ᄒᆞ거늘 晉王이 書를 復ᄒᆞ야 許치 안니ᄒᆞ야 曰 誓컨ᄃᆡ 此生에 敢히 失節치 안니ᄒᆞ리라

岐王이 治軍甚寬ᄒᆞ고 待士卒簡易ᄒᆞ니 由是로 衆心이 悅服이나 然이나 御軍無紀律이러라 及聞唐亡에 以兵羸地蹙으로 不敢稱帝ᄒᆞ다 岐王李茂貞據鳳翔本姓宋名文通僖宗時以功賜姓名昭宗時封岐王唐莊宗改封秦王至唐明宗時國除

岐王이 軍을 治ᄒᆞ미 심이 寬ᄒᆞ고 士卒을 待ᄒᆞ미 簡易ᄒᆞ니 是로 由ᄒᆞ야 衆心이 悅服ᄒᆞ나 그러나 軍을 御ᄒᆞ미 紀律이 無ᄒᆞ더라 밋 唐이 亡ᄒᆞᆷ을 聞ᄒᆞᆷ의 兵이 羸ᄒᆞ고 地가 蹙ᄒᆞᆷ으로ᄡᅥ 敢히 帝을 稱치 못ᄒᆞ다

梁이 以武安節度使馬殷으로 爲楚王ᄒᆞ고 馬殷據潭州盡有湖南之地至後周太祖朝爲南唐所滅

梁이 武安節度使馬殷으로ᄡᅥ 楚王을 삼고

以吳王鏐로 爲吳越王ᄒᆞ고 錢鏐據杭州至宋朝國除

吳王鏐로써 吳越王을삼고

以清海節度使劉隱으로爲南海王ᄒᆞ고 據廣州盡有嶺表之地後改號漢至宋朝國除

清海節度使劉隱으로써南海王을삼고

以威武節度使王審知로爲閩王ᄒᆞ고 黃巢亂審知據福州盡有閩嶺五州後王延政居建州號殷曾齊王時南唐滅之

威武節度使王審知로써閩王을삼고

以權知荊南留後高季昌으로爲節度使ᄒᆞ다 據江陵至宋朝國除

權知荊南留後高季昌으로써節度使을숨다

九月에蜀王이即皇帝位ᄒᆞ야國號을大蜀이라ᄒᆞ다

九月에蜀王이皇帝位에即ᄒᆞ야國號을大蜀이라ᄒᆞ다

梁遣保平節度使康懷貞ᄒᆞ야將兵八萬ᄒᆞ고攻潞州ᄒᆞ니晉昭義節度使李嗣昭ㅣ閉城拒守ᄒᆞ어ᄂᆞᆯ懷貞이晝夜攻之ᄒᆞ야半月不拔ᄒᆞ니乃於潞州城下에更築重城ᄒᆞ야內以防奔突ᄒᆞ고外以拒援兵ᄒᆞ고謂之夾寨塹而守之ᄒᆞ다

梁이保平節度使康懷貞을遣ᄒᆞ야兵八萬을將ᄒᆞ고潞州을攻ᄒᆞ니晉昭義節度使李

嗣昭ㅣ城을閉ᄒᆞ고拒ᄒᆞ야守ᄒᆞ거ᄂᆞᆯ懷貞이晝夜로攻ᄒᆞ야半月에拔치못ᄒᆞ더라이에潞州城下에更히重城을築ᄒᆞ야內로ᄡᅥ奔突을防ᄒᆞ고外로ᄡᅥ援兵을拒ᄒᆞ고謂ᄒᆞ되夾寨塹이라ᄒᆞ야守ᄒᆞ다

契丹 耶律阿保機始建國改元

(戊辰) 晉岐淮南稱唐天祐五年梁開平二年○蜀高祖王建武成元年○是歲西川稱蜀凡五國五鎭 正月에晉王克用이薨ᄒᆞ니其子存勗이嗣爲晉王ᄒᆞ다晉王이與諸將으로謀曰上黨潞州는河東之藩蔽라無上黨이면是無河東也요且朱溫所憚者는獨先王耳러니聞吾ㅣ新立ᄒᆞ고以爲童子ㅣ未閑軍旅라ᄒᆞ야必有驕怠之心ᄒᆞ리니若簡精兵ᄒᆞ야倍道趣之ᄒᆞ야出其不意면破之必矣라取威定覇ㅣ在此一擧ᄒᆞ니不可失也라ᄒᆞ고晉王大閱士卒ᄒᆞ야帥周德威等ᄒᆞ고發晉陽ᄒᆞ야進兵直抵夾寨ᄒᆞ야塡塹燒寨ᄒᆞ고皷譟而入ᄒᆞ니梁兵이大潰南走라失亾將校士卒이以萬으로計ᄒᆞ고委棄資糧器械ㅣ山積이러라梁

主ㅣ聞夾寨不守ᄒᆞ고大驚ᄒᆞ야旣而歎曰生子을當如李亞子ㅣ니 釋義 存勗
小名 克用이爲不亡矣로다至如吾兒ᄒᆞ야는豚犬耳라ᄒᆞ더라

正月에晋王克用이薨ᄒᆞ니 그子存勗이 嗣ᄒᆞ야晋王이되다 晋王이諸將으로더부러謀ᄒᆞ야曰上黨潞州는河東에藩蔽라上黨이無ᄒᆞ면是는河東이無ᄒᆞ미오또朱温에憚ᄒᆞ는바者는홀노先王이러니 吾ㅣ新立홈을聞ᄒᆞ고 써ᄒᆞ되童子ㅣ軍旅에익지못ᄒᆞ다ᄒᆞ야반다시驕怠에心이有ᄒᆞ리니만일精兵을簡ᄒᆞ야道을倍ᄒᆞ야趣ᄒᆞ야그뜻안인되出ᄒᆞ면破ᄒᆞ기반듯ᄒᆞ리라威을取ᄒᆞ고霸을定ᄒᆞ미이ᄒᆞᆫ번擧홈에在ᄒᆞ니可히失치못ᄒᆞ리라ᄒᆞ고晋王이크게士卒을閱ᄒᆞ야周德威ㅣ等을帥ᄒᆞ고晋陽에發ᄒᆞ야兵을進ᄒᆞ야夾寨에直抵ᄒᆞ야塡塹ᄒᆞ고寨을燒ᄒᆞ고皷을譟ᄒᆞ야入ᄒᆞ니梁兵이크게潰ᄒᆞ야南으로走ᄒᆞ는지라將校와士卒의失亡홈이萬으로써計ᄒᆞ고資糧과器械을委棄ᄒᆞ미山갓치積ᄒᆞ더라梁主ㅣ夾寨을守치못홈을聞ᄒᆞ고크게驚ᄒᆞ야이윽고탄식ᄒᆞ야曰子을生ᄒᆞ미맛당히李亞子와如ᄒᆞᆯ지니克用이亡치아니ᄒᆞ얏도다吾兒와如ᄒᆞᆫ되至ᄒᆞ야는豚과犬이라ᄒᆞ더라

晋王이歸晋陽ᄒᆞ야休兵行賞ᄒᆞ고命州縣ᄒᆞ야擧賢才黜貪殘ᄒᆞ고寬租賦撫孤窮ᄒᆞ고伸寃濫禁姦盜ᄒᆞ니境內ㅣ大治러라

晋王이晋陽에歸ᄒᆞ야兵을休ᄒᆞ고賞을行ᄒᆞ고州와縣에命ᄒᆞ야賢才을擧ᄒᆞ고貪殘을黜ᄒᆞ고租賦을寬ᄒᆞ고孤窮을撫ᄒᆞ고寃濫을伸ᄒᆞ고姦盜을禁ᄒᆞ니境內가크게治ᄒᆞ다

淮南張顥ㅣ弑弘農威王ᄒᆞ고立其弟隆演ᄒᆞ야爲留後ᄒᆞ다 楊行密據淮南其子渥嗣爲弘農郡王國號吳後爲徐知誥所簒遂爲南唐

淮南張顥ㅣ弘農威王을弑ᄒᆞ고그弟隆演을立ᄒᆞ야留後을ᄉᆞᆷ다

契丹 耶律阿保機改名億二年

(己巳) 晋岐淮南稱唐天祐六年梁開元三年○是歲凡五國五鎭 梁主ㅣ遷都洛陽ᄒᆞ다

梁主ㅣ都을洛陽에遷ᄒᆞ다

(辛未) 晋岐吳稱唐天祐八年梁乾化元年○蜀永平元年○是歲凡五國五鎭 三月에 梁淸海節度使南平襄王劉隱이卒ᄒᆞ고其弟巖이襲位ᄒᆞ다

三月에梁淸海節度使南平襄王劉隱이卒ᄒᆞ고그弟巖이位에襲ᄒᆞ다

八月에燕王守光이即皇帝位ᄒᆞ야 劉仁恭之子也據幽州 國號을大燕이라ᄒᆞ다

八月에燕王守光이皇帝位에即ᄒᆞ야國號ᄅᆞᆯ大燕이라ᄒᆞ다

晉王이聞燕王守光稱帝ᄒᆞ고大笑曰俟彼十年ᄒᆞ야吾當問其鼎矣리라

釋義左傳楚子伐陸渾之戎遂至于洛觀兵于周郊定王使王孫滿勞楚王楚王問鼎大小輕重對曰在德不在鼎桀有昏德鼎遷于殷載祀六百殷紂暴虐鼎遷于周德之休明雖小必重其姦回昏亂雖大必輕昔成王定鼎于郟鄏卜世三十八年七百天所命也周德雖衰天命未改鼎之輕重未可問也　契丹主五年

晉王이燕王守光에帝ᄅᆞᆯ稱홈을聞ᄒᆞ고크게笑ᄒᆞ야曰저十年을俟ᄒᆞ야吾ㅣ맛당이그鼎을問ᄒᆞ리라

(壬申) 晉岐吳稱唐天佑九年梁乾化二年○是歲凡五國五鎭 梁主ㅣ疾增甚이어ᄂᆞᆯ謂近臣曰我ㅣ經營天下三十年에不意太原餘孼이更昌熾如此ᄒᆞ니吾ㅣ觀其志不小라天이復奪我年ᄒᆞ니我ㅣ死에諸兒ᄂᆞᆫ非彼敵也니吾無葬地矣라ᄒᆞ고因哽咽ᄒᆞ야絶而復蘇ᄒᆞ다

壬申에梁主ㅣ疾이더甚ᄒᆞ거ᄂᆞᆯ近臣더러일너曰我ㅣ天下ᄅᆞᆯ經營ᄒᆞᆫ지三十年에ᄯᅳᆺ아니ᄒᆞᆫ太原에餘孼이更히昌熾ᄒᆞ미此와如ᄒᆞ니吾ㅣ그志ᄅᆞᆯ觀ᄒᆞ미小치안니ᄒᆞᆫ지라天이復히我에年을奪ᄒᆞ니我ㅣ死홈의모든兒ᄂᆞᆫ彼에敵이안이니吾ㅣ葬ᄒᆞᆯ地가無ᄒᆞ리라ᄒᆞ고인ᄒᆞ야哽咽ᄒᆞ다가絶ᄒᆞ야다시蘇ᄒᆞ다

梁高季昌이潛有據荊南之志ᄒᆞ야 乃奏築江陵外郭ᄒᆞ야 增廣之ᄒᆞ다

梁高季昌이潛히荊南을據ᄒᆞᆯ志 가有ᄒᆞ야이에 奏ᄒᆞ야江陵 外郭을 築ᄒᆞ야增廣ᄒᆞ다

梁郢王友珪애 僕夫馮廷諤이 弒梁主어늘 友珪ㅣ 即帝位ᄒᆞ다

梁郢王友珪에僕夫馮廷諤ㅣ梁主를弒ᄒᆞ거늘友珪ㅣ帝位에即ᄒᆞ다

契丹 耶律億六年其弟剌葛等復謀亂釋不治

均王 初名友貞更名瑱朱温第三子謚曰末帝 在位十一年 壽三十六

(癸酉) 晉岐吳稱唐天佑十年梁主瑱乾化三年○是歲凡五國五鎭 梁趙巖이 奉使至大梁이어늘 均王友貞이 密與之謀誅友珪ᄒᆞᆯ시 巖이 曰此事成敗는 在招討楊令公耳니 得其一言ᄒᆞ야 諭禁軍이면 吾事立辦이라ᄒᆞᆫ딕 均王이 乃遣腹心馬愼交ᄒᆞ야 之魏州ᄒᆞ야 說楊師厚曰郢王을 篡弒ᄒᆞ라 人望이 屬在大梁ᄒᆞ니 公若因而成之면 此는 不世之功也ㅣ니라 師厚ㅣ 乃遣其將王舜賢ᄒᆞ야

至洛陽ᄒᆞ야陰與袁象先으로謀ᄒᆞ다 庚寅旦에袁象先이帥禁兵數千人ᄒᆞ고突入宮中ᄒᆞ니友珪ㅣ聞變ᄒᆞ고與妻張氏와及馮廷諤으로趨北垣樓下ᄒᆞ야將踰城ᄒᆞᆯ시自度不免ᄒᆞ고令廷諤으로先殺妻ᄒᆞ고且殺己ᄒᆞ니廷諤이亦自殺이어늘象先과巖이齎傳國寶ᄒᆞ야詣大梁迎均王ᄒᆞᆫ디王이曰大梁은國家創業之地라何必洛陽이리오 乃即帝位於大梁ᄒᆞ야更名鍠이라ᄒᆞ고又更名瑱ᄒᆞ다

梁趙巖이使를奉ᄒᆞ고大梁에至ᄒᆞ거늘均王友貞이密히더부러友珪誅ᄒᆞ기를謀ᄒᆞᆯ시巖이日이일成ᄒᆞ고敗ᄒᆞ기ᄂᆞᆫ招討楊令公의게잇ᄂᆞ이다그一言을得ᄒᆞ야禁軍을諭ᄒᆞ면吾에事ㅣ立辦ᄒᆞ리라ᄒᆞᆫ더均王이이에腹心馬愼交를遣ᄒᆞ야魏州에가셔楊師厚를說ᄒᆞ야曰郢王을簒弑ᄒᆞ라人에望ᄒᆞ미大梁에屬在ᄒᆞ니公이만일因ᄒᆞ야成ᄒᆞ면이거슨不世에功이니라師厚ㅣ이에그將王舜賢을遣ᄒᆞ야洛陽에至ᄒᆞ야가만니袁象先으로더부러謀ᄒᆞ다庚寅旦에袁象先이禁兵數千人을帥ᄒᆞ고宮中에突入ᄒᆞ니友珪ㅣ變을聞ᄒᆞ고妻張氏와밋馮廷諤으로더부러北垣樓下에趍ᄒᆞ야장ᄎᆞᆺ城을踰ᄒᆞᆯ시스ᄉᆞ로免치못ᄒᆞᆷ을度ᄒᆞ고廷諤으로ᄒᆞ야곰妻를殺ᄒᆞ고또己를殺ᄒᆞ니

延諤이또ᄒᆞᆫ스ᄉᆞ로殺ᄒᆞ거늘象先과巖이傳國寶를齎ᄒᆞ야大梁에詣ᄒᆞ야均王을迎ᄒᆞᆫ되王이曰大梁은國家를創業ᄒᆞᆫ地라웃지반다시洛陽이리오이에帝位를大梁에即ᄒᆞ야名을鍠이라更ᄒᆞ고또名을瑱이라更ᄒᆞ다

晉李嗣源이分兵徇燕山ᄒᆞ니後에八州皆下之ᄒᆞ어늘進逼幽州ᄒᆞᆫ되晉王이督諸軍ᄒᆞ야四面攻城克之ᄒᆞ고擒劉仁恭及其妻妾ᄒᆞ니守光이帥妻子亡去ᄒᆞ어늘晉王이入幽州ᄒᆞ야王이方宴ᄒᆞᆯ서將吏擒守光適至ᄒᆞ어늘王이語之曰主人이何避客之深耶아王이命掌書記王緘ᄒᆞ야草露布ᄒᆞᆫ되

釋義文心雕龍曰露布者蓋露版不封布諸視聽也索隱曰每戰克使天下聞知乃以板書獲捷之由不封之以示明告中外自後以魏來乃書帛建於漆竿上名爲露布初學記曰露布人多用之以不知其始春秋佐期曰武露布文露沉朱均云甘露見其國布散者人尙武文采者則甘露運重

緘不知故事ᄒᆞ고書之於布ᄒᆞ야遣人曳之ᄒᆞ나

晉李嗣源이兵을分ᄒᆞ야燕山을徇ᄒᆞ니後에八州가下ᄒᆞ거늘進ᄒᆞ야幽州를逼ᄒᆞᆫ되晉王이諸軍을督ᄒᆞ야四面으로城을攻ᄒᆞ야克ᄒᆞ고劉仁恭과밋그妻妾을擒ᄒᆞ니守光이妻子를帥ᄒᆞ고도망ᄒᆞ야去ᄒᆞ거늘晉王이幽州에入ᄒᆞ야王이바야흐로宴ᄒᆞᆯ서將吏ㅣ守光을擒ᄒᆞ야適草ᄒᆞ야至ᄒᆞ거늘王이語ᄒᆞ야曰主人이웃지客을避ᄒᆞ미深ᄒᆞᆫ나王이掌書記王緘을命ᄒᆞ야草ᄒᆞ야露布ᄒᆞᆫ되緘이故事를知치못ᄒᆞ고布에書ᄒᆞ야人을遣ᄒᆞ야曳ᄒᆞ다

契丹主弟剌葛等이反이어늘 誅其黨而釋之ᄒᆞ다

契丹主에弟剌葛에무리가反ᄒᆞ거늘그黨을誅ᄒᆞ고釋ᄒᆞ다

(乙亥) 晉岐吳稱唐天祐十二年梁貞明元年○是歲凡五國五鎭 二月에 梁魏博軍이亂劫ᄒᆞ니節度使賀德倫이求援於晉이어늘 晉王이 引兵進據臨淸ᄒᆞ야 與劉鄩으로夾河爲營ᄒᆞ다

二月에梁魏博軍이亂刼ᄒᆞ니節度使賀德倫이援을晉에求ᄒᆞ거늘晉王이兵을引ᄒᆞ고進ᄒᆞ야臨淸을據ᄒᆞ야劉鄩으로더부러河를夾ᄒᆞ야營을ᄒᆞ다

梁主ㅣ 踈忌宗室ᄒᆞ고 專任趙巖 及德妃兄弟張漢鼎漢傑과從兄弟漢倫漢融ᄒᆞ야咸居近職ᄒᆞ야 參預謀議ᄒᆞ니 巖等이 依勢弄權ᄒᆞ야賣官鬻獄ᄒᆞ고離間舊將相ᄒᆞ니敬翔李振이雖爲執政이나所言을多不用이라振이每稱疾不預事ᄒᆞ고 以避趙張之族ᄒᆞ니 政事ㅣ日紊ᄒᆞ야以至於亡ᄒᆞ다

梁主ㅣ宗室을踈忌ᄒᆞ고趙巖과밋德妃兄弟張漢鼎과漢傑과從兄弟漢倫과漢融에

게專히任ᄒᆞ야다近職에居ᄒᆞ야謀議에參預ᄒᆞ니巖의무리가勢을依ᄒᆞ고權을弄ᄒᆞ야官을賣ᄒᆞ고獄을鬻ᄒᆞ야舊將相을離間ᄒᆞ니敬翔과李振이비록政을執ᄒᆞ나言ᄒᆞᆫ바을만니用치안니ᄒᆞ난지라振이미양疾을稱ᄒᆞ야事에預치안니ᄒᆞ고써趙張에族을避ᄒᆞ니政事가日로紊ᄒᆞ야써亡ᄒᆞ는ᄃᆡ至ᄒᆞ더라

(丙子)晉岐吳稱唐天祐十三年梁貞明二年○蜀通正元年○是歲凡五國五鎭 春二月에 梁主ㅣ屢趣劉鄩ᄒᆞ야(音尋) 與晉王으로戰이러니 鄩兵이 大敗어늘 王檀이 密疏ᄒᆞ야 請發關西兵ᄒᆞ야 襲晉陽ᄒᆞᆫᄃᆡ 梁主ㅣ從之ᄒᆞ야 兵至晉陽ᄒᆞ야 夜急攻之ᄒᆞ니 城幾陷者ㅣ數四라 昭義節度使李嗣昭ㅣ 遣牙將石君立ᄒᆞ야 救之ᄒᆞ니 梁兵死傷者ㅣ什에 二三이라 王檀이 引兵大掠而還이러라 梁主ㅣ 聞劉鄩敗ᄒᆞ고 又聞王檀이 無功ᄒᆞ고 歎曰吾事去矣라ᄒᆞ더라

春二月에梁主ㅣ屢히劉鄩을趣ᄒᆞ야晉王으로더부러戰이러니鄩에兵이크게敗ᄒᆞ거늘王檀이密疏ᄒᆞ야 請ᄒᆞ되 關西兵을發ᄒᆞ야晉陽을襲ᄒᆞ라ᄒᆞᆫᄃᆡ梁主ㅣ從ᄒᆞ야兵이晉陽에至ᄒᆞ야夜에急히攻ᄒᆞ니城이거의陷ᄒᆞᆫ者數四라昭義節度使李嗣昭ㅣ牙將石君立을遣ᄒᆞ야救ᄒᆞ니梁兵이死傷ᄒᆞᆫ者什에二三이라王檀이兵을引ᄒᆞ고크

게掠ᄒᆞ야還ᄒᆞ더라梁主ㅣ劉鄩에敗ᄒᆞᆷ을聞ᄒᆞ고ᄯᅩ王檀이功이無ᄒᆞᆷ을聞ᄒᆞ고歎ᄒᆞ
야ᄀᆞᆯ오ᄃᆡ吾ㅣ事가去ᄒᆞ얏다ᄒᆞ더라

契丹主ㅣ改元神册ᄒᆞ다

契丹主ㅣ元을神册이라改ᄒᆞ다

(戊寅)晋岐吳稱唐天祐十五年梁貞明四年○蜀光天元年○是歲凡六國四鎭 **春에晋兵이侵掠至鄆濮而還이어늘** 鄆音

梁敬翔이上疏曰國家ㅣ連年喪師에疆域이日蹙이라陛下ㅣ居深宮之中ᄒᆞ야所與計事者ㅣ皆左右近習이니豈能量敵國之勝負乎아先帝之時에奄有河北ᄒᆞ고親御豪傑之將호ᄃᆡ猶不得志어늘今敵至鄆州호ᄃᆡ陛下ㅣ不能留意ᄒᆞ니必若乏之才ㅣ된乞於邊陲에自效ᄒᆞ리이다疏奏에趙張之徒ㅣ言호ᄃᆡ翔이怨望이라ᄒᆞ니梁主遂不用ᄒᆞ다

春에晋兵이侵掠ᄒᆞ야鄆濮에至ᄒᆞ야還ᄒᆞ거늘梁敬翔이疏을上ᄒᆞ야曰國家ㅣ年을連ᄒᆞ야師을喪ᄒᆞᆷ의彊 域이日 蹙호ᄃᆡ 陛下ㅣ深 宮中에居ᄒᆞ야더부러事을計ᄒᆞ는바者는皆히左右에近習이니읏지능히敵國에勝負를量ᄒᆞ리잇가先帝ㅣᄯᅢ에문득河北이有ᄒᆞ고親히豪傑에將을御호ᄃᆡ오히려志을得지못ᄒᆞ얏거늘이제敵이鄆州

에至ᄒᆞ되陛下ㅣ能히意을留치아니ᄒᆞ니必히才가乏ᄒᆞᆯ것갓틀진딘乞ᄒᆞ건디邊陲
에스ᄉᆞ로效ᄒᆞ리이다跡을奏ᄒᆞ미趙張에무리가言ᄒᆞ되翔이怨望ᄒᆞᆫ다ᄒᆞ니梁主ㅣ
드디여用치안니ᄒᆞ다

吳徐知誥ㅣ爲淮南節度行軍副使ᄒᆞ다 (知誥後簒吳是爲南唐) 知誥ㅣ事吳王盡恭ᄒᆞ고接士大夫以謙ᄒᆞ고御衆以寬ᄒᆞ고約身以儉ᄒᆞ야以吳王之命으로悉蠲天祐十三年以前逋稅ᄒᆞ고餘俟豐年ᄒᆞ야乃輸之ᄒᆞ고求賢才納規諫ᄒᆞ며除姦猾杜請託ᄒᆞ니於是에士民이翕然歸心ᄒᆞ야雖宿將悍夫라도無不悅服이러라以宋齊丘로爲謀主ᄒᆞ니由是로江淮間에曠土ㅣ盡闢ᄒᆞ고桑柘ㅣ滿野ᄒᆞ야國以富强ᄒᆞ더라

吳徐知誥이淮南節度行軍副使가되다知誥이 吳王을事ᄒᆞ미 恭을다ᄒᆞ고士大夫接기를謙ᄒᆞ고 무리御ᄒᆞ기를써寬ᄒᆞ고身을約ᄒᆞ야써儉ᄒᆞ야吳王에命으로써天祐十三年써前에逋稅을다蠲ᄒᆞ고餘ᄂᆞᆫ豐年을俟ᄒᆞ야 이에輸ᄒᆞ고賢才을求ᄒᆞ야規諫을納ᄒᆞ며姦猾을除ᄒᆞ야 請託을杜ᄒᆞ나이에 士民이翕然이心을歸ᄒᆞ야비록宿將과悍夫라도悅服지안니ᄒᆞᄂᆞᆫ이가 無ᄒᆞ더라宋齊丘로써謀主을삼으니

是로由ᄒᆞ야江淮사이에曠土ㅣ다闢ᄒᆞ고桑柘이野에滿ᄒᆞ야國이富ᄒᆞ고彊ᄒᆞ더라

契丹主ㅣ 作孔子廟親謁之

(己卯)晉岐稱唐天祐十六年梁貞明五年○蜀乾德元年吳宣王楊隆演武義元年○是歲凡六國四鎭 吳徐溫이 自以權重而位卑로 勸吳王ᄒᆞ야 建國稱帝而治ᄒᆞ니 吳王이 不許ᄒᆞ고 夏에 卽吳國王位ᄒᆞ다

吳徐溫이스ᄉᆞ로써權이重ᄒᆞ고位가卑홈으로吳王을勸ᄒᆞ야國을建ᄒᆞ고帝를稱ᄒᆞ야治ᄒᆞ게ᄒᆞ니吳王이許치안니ᄒᆞ고夏에吳國王位에卽ᄒᆞ다

蜀主王建이 殂ᄒᆞ니 太子衍이 卽皇帝位ᄒᆞ다

蜀主王建이殂ᄒᆞ니太子衍이皇帝位에卽ᄒᆞ다

晉王이 如魏州ᄒᆞ야 發徒數萬ᄒᆞ야 廣德勝北城ᄒᆞ고 日與梁人으로 爭ᄒᆞ야 大小百餘戰에 互有勝負러니 右射軍使石敬瑭이 與梁人으로 戰于河壖ᄒᆞᆯ시 釋義壖而緣反緣河邊地按韻書本作堧或作堧訓郤也郤隙地也師古曰堧游地游餘也 梁人擊敬瑭ᄒᆞ야 斷其馬甲이어ᄂᆞᆫ 橫衝兵馬使劉知遠이 釋義橫衝軍都之號也 以所乘馬로 授之ᄒᆞ고 自乘斷

甲者ᄒᆞ고 徐行爲殿ᄒᆞ다 釋義王氏曰徐緩也說文安行也殿下練反凡軍居前曰啓居後曰殿又謂之斷後此乃兵家之最難者也我兵旣敗敵人來追我在後拒之非勇敢者不能也

梁人疑有伏ᄒᆞ야 不敢迫이라 俱得免ᄒᆞ니 敬瑭이 以是로 親愛之러라 敬瑭知遠其先皆沙陀人敬瑭後爲晉高祖知遠爲漢高祖

晉王이 魏州에 如ᄒᆞ야 무리 數萬을 發ᄒᆞ야 德勝北城을 廣ᄒᆞ고 日로 梁人으로 더부러 爭ᄒᆞ야 크고 젹고 百餘戰을 ᄒᆞ야 서루 勝負가 有ᄒᆞ더니 右射軍使石敬瑭이 梁人로 더부러 河壖에 戰ᄒᆞᆯᄉᆡ 梁人이 敬瑭을 擊ᄒᆞ야 그 馬甲을 斷ᄒᆞ거ᄂᆞᆯ 橫衝兵馬使劉知遠이 乘ᄒᆞᆫ 바 馬로 써 授ᄒᆞ고 ᄉᆞᄉᆞ로 斷甲者을 乘ᄒᆞ고 徐行ᄒᆞ야 殿이 되니 梁人이 伏이 有ᄒᆞᆫ가 疑ᄒᆞ야 敢히 迫ᄒᆞ지 못ᄒᆞᆫ지라 俱히 免ᄒᆞᆷ을 得ᄒᆞ니 敬瑭이 是로 써 親愛ᄒᆞ더라

契丹이 城遼陽ᄒᆞ다

契丹이 遼陽에 城ᄒᆞ다

右後梁二主共一十七年

後唐紀

莊宗 後滅梁復稱唐

在位三年 壽三十五 名存勗附唐屬籍姓李本西突厥種姓朱耶氏父克用立功於唐封晉王

(癸未) 岐稱唐天祐二十年梁龍德三年盡十月四月以後唐莊宗李存勗同光元年○是歲梁亡晉稱君凡五國四鎭 夏四月에 晉王이 卽皇帝位ᄒᆞ야 國號을 大唐이라ᄒᆞ다 梁主ㅣ 遣段凝ᄒᆞ야 監大軍於河上ᄒᆞ니 敬翔李振이 屢請罷之ᄒᆞᆫ대 梁主ㅣ 曰凝이 未有過라ᄒᆞ니 振이 曰俟其有過則社稷이 危矣리다 凝이 乃厚賂趙張ᄒᆞ야 求爲招討使ᄒᆞ거늘 翔振이 力爭ᄒᆞᆫ대 以爲不可ᄒᆞ니 趙張이 主之ᄒᆞ야 竟代王彥章ᄒᆞ야 爲北面招討使ᄒᆞ니 於是에 宿將이 憤怒ᄒᆞ고 士卒이 亦不服ᄒᆞ더라

夏四月에晉王이皇帝位에卽ᄒᆞ야國號을大唐이라ᄒᆞ다梁主ㅣ段凝을遣ᄒᆞ야大軍을河上에監ᄒᆞ니敬翔과李振이屢히罷ᄒᆞ기를請ᄒᆞᆫ대梁主ㅣ曰凝이過가有치안니ᄒᆞ니라振이曰그過가有ᄒᆞᆷ을俟ᄒᆞᆫ즉社稷이危ᄒᆞ리다凝이이에厚이趙張을賂ᄒᆞ야招討使을求ᄒᆞ거늘翔과振이力爭ᄒᆞ되써不可ᄒᆞ다ᄒᆞᆫ니趙張이主ᄒᆞ야맛ᄎᆞᆷ내王彥章을代ᄒᆞ야北面招討使을삼으니이에宿將이憤怒ᄒᆞ고士卒이ᄯᅩ服지안니ᄒᆞ더라

八月에 梁右先鋒指揮使康延孝ㅣ 帥百餘騎ᄒᆞ고 來奔이어ᄂᆞᆯ 唐主ㅣ 屛人ᄒᆞ고 問延孝以梁事ᄒᆞᆫ대 對曰梁朝ㅣ 地不爲狹ᄒᆞ고 兵不爲少

나然이 迹其行事ᄃᆡᆫ컨 終必敗亡이오 近에 又聞欲數道出兵ᄒᆞ야 決以
十月로 大擧ᄒᆞ라니 臣이 竊觀梁兵이 聚則不少요 分則不多ㅣ니 願陛
下ᄂᆞᆫ 養勇蓄力ᄒᆞ야 以俟其分兵ᄒᆞ야 帥精騎五千ᄒᆞ고 自鄆州로 直
抵大梁ᄒᆞ야 擒其僞主면 旬月之間에 天下定矣리다 唐主ㅣ 大悅ᄒᆞ더라

八月에梁右先鋒指揮使康延孝ㅣ百餘騎ᄅᆞᆯ帥ᄒᆞ고來奔ᄒᆞ거ᄂᆞᆯ唐主ㅣ人을屛ᄒᆞ고延孝ᄃᆞ려梁事로ᄡᅥ問ᄒᆞᆫᄃᆡ對ᄒᆞ야曰梁朝ㅣ地가狹ᄒᆞ지안니ᄒᆞ고兵이少ᄒᆞ지안니ᄒᆞ나글어나그行事ᄅᆞᆯ迹ᄒᆞ건ᄃᆡ마참ᄂᆡ반다시敗亡ᄒᆞᆯ지오近에ᄯᅩ聞ᄒᆞ니數道에兵을出코자ᄒᆞ야決코ᄡᅥ十月로크게擧ᄒᆞᆫ다ᄒᆞ니臣이그옥히觀ᄒᆞ건ᄃᆡ梁에兵이聚ᄒᆞᆫ즉少치안니ᄒᆞ고分ᄒᆞᆫ즉多치안니ᄒᆞ니원컨ᄃᆡ陛下ᄂᆞᆫ勇을養ᄒᆞ고力을蓄ᄒᆞ야ᄡᅥ그兵이分ᄒᆞᆷ을俟ᄒᆞ야精騎五千을帥ᄒᆞ야鄆州로븟터直히大梁에抵ᄒᆞ야그僞主ᄅᆞᆯ擒ᄒᆞ면旬月ᄉᆞ이에天下ᄅᆞᆯ定ᄒᆞ리이다唐主ㅣ크게悅ᄒᆞ더라

唐主ㅣ 聞梁人이 欲大擧數道入寇ᄒᆞ고 召諸將會議ᄒᆞ니 郭崇韜ㅣ
對曰段凝이 本非將才라 不能臨機決策ᄒᆞ니 無足可畏요 降者ㅣ
皆言大梁에 無兵ᄒᆞ니 陛下ㅣ 若留兵守魏ᄒᆞ야 固保楊劉ᄒᆞ고 自以精

兵으로與鄆州로合勢ᄒᆞ야長驅入汴이면彼城中旣空虛라必望風自
潰ᄒᆞ리니若僞主ㅣ授首則諸將이自降矣ㅣ리다唐主曰此ㅣ正合朕
意로다丈夫ㅣ得則爲王이요失則爲虜ㅣ니吾行을決矣로다冬十月에
唐主ㅣ以大軍으로濟河至鄆州ᄒᆞ야遇梁兵ᄒᆞ야一戰敗之ᄒᆞ고追至中
都ᄒᆞ야圍其城ᄒᆞ니城無守備라少頃에梁兵이潰圍出이어늘擒王彥章
ᄒᆞ야斬之ᄒᆞ다

唐主ㅣ梁人이크게數道를擧ᄒᆞ야入寇코자ᄒᆞᆷ을聞ᄒᆞ고諸將을召ᄒᆞ야會議ᄒᆞ니
郭崇韜ㅣ對ᄒᆞ야曰段凝이본ᄃᆡ將才가안니라能히機에臨ᄒᆞ야策을決치못ᄒᆞ니
足히가히畏ᄒᆞᆷ이無ᄒᆞ고降ᄒᆞᆫ者ㅣ皆히言호ᄃᆡ大梁에兵이無ᄒᆞ니陛下ㅣ만일兵을
留ᄒᆞ야魏을守ᄒᆞ고固히楊과劉을保ᄒᆞ고스ᄉᆞ로精兵으로써鄆州로더부러勢을合
ᄒᆞ야長이驅ᄒᆞ야汴에入ᄒᆞ면彼에城中이空虛ᄒᆞᆫ지라반다시風을望ᄒᆞ고스ᄉᆞ로潰
ᄒᆞ리니진실노僞主ㅣ首을授ᄒᆞᆫ즉모든장슈가스ᄉᆞ로降ᄒᆞ리이다唐主ㅣ曰此는正
히朕意에合ᄒᆞ도다丈夫ㅣ得ᄒᆞᆫ즉王이되고失ᄒᆞᆫ즉虜가될거시니吾에行을決ᄒᆞ야
도다冬十月에唐主ㅣ大軍으로써河을濟ᄒᆞ야鄆州에至ᄒᆞ야梁兵을遇ᄒᆞ야一戰ᄒᆞ
야敗ᄒᆞ고追ᄒᆞ야中都에至ᄒᆞ야그城을圍ᄒᆞ니城에守備가無ᄒᆞᆫ지라少頃에梁兵이

圍을潰ᄒᆞ고出ᄒᆞ거ᄂᆞᆯ王彦章을擒ᄒᆞ야斬ᄒᆞ다

康延孝ㅣ請亟取大梁ᄒᆞᆫ딕 李嗣源이 曰兵貴神速이니 今彦章就擒을 段凝이 必未之知라 此去大梁이 至近ᄒᆞ고 前無山險ᄒᆞ니 方陳橫行ᄒᆞ야 晝夜兼程이면 信宿可至ᄒᆞ리니 段凝이 未離河上ᄒᆞ야 友貞이 已爲吾擒矣리니 延孝之言이 是也니이다 唐主ㅣ從之ᄒᆞ야 令下에 諸軍이 皆踊躍願行ᄒᆞ더라 梁主ㅣ使人으로 促段凝ᄒᆞ니 軍旣辭에 皆亡匿이라 梁主ㅣ日夜涕泣ᄒᆞ고 不知所爲ᄒᆞ야 置傳國寶於臥內라가 忽失之ᄒᆞ니 已爲左右竊之ᄒᆞ야 迎唐軍矣러라 梁主ㅣ 謂皇甫麟曰李氏는 吾世讎라 理難降首니ㅣ 不可俟彼刀鋸라 吾不能自裁니 卿이 可斷吾首ᄒᆞ라 麟이 泣ᄒᆞ고 遂弑梁主ᄒᆞ고 因自殺ᄒᆞ다

康延孝ㅣ大梁을亟取ᄒᆞ기을請ᄒᆞᆫ딕李嗣源이曰兵이神速ᄒᆞ기가貴ᄒᆞ니이제彦章을就擒ᄒᆞᆷ을段凝이반다시知치못ᄒᆞᆯ지라此에서大梁가미지극히近ᄒᆞ고前에山險이無ᄒᆞ니바야흐로橫行을陳ᄒᆞ야晝夜로兼程ᄒᆞ면信宿에가히至ᄒᆞ리니段凝이河

上에離치안니ᄒᆞ야友貞이임의吾에게擒이되리니延孝에言이是니다唐主ㅣ從ᄒᆞ야令이下ᄒᆞ미모든軍이다踊躍ᄒᆞ야行하기을願ᄒᆞ더라梁主ㅣ人으로ᄒᆞ야곰段凝을促ᄒᆞ니軍이旣히辭ᄒᆞᆷ에皆히亡ᄒᆞ여匿ᄒᆞᄂᆞᆫ지라梁主ㅣ日夜로涕泣ᄒᆞ고할바을知치못ᄒᆞ야傳國寶을臥內에置ᄒᆞ여다가忽失ᄒᆞ니임의左右ㅣ竊ᄒᆞ야唐軍을迎ᄒᆞ엿더라梁主ㅣ皇甫麟더러謂ᄒᆞ야曰李氏ᄂᆞᆫ吾에世讎라理에降首ᄒᆞ기가難ᄒᆞ니可히彼에刀鋸을俟ᄒᆞ지못할지라吾ㅣ能히自裁치못ᄒᆞᆯ지니卿이可히吾에首을斷ᄒᆞ라麟이泣ᄒᆞ고드듸여梁主을弑ᄒᆞ고인ᄒᆞ야스ᄉᆞ로죽ᄒᆞ다

梁主爲人이 **溫恭儉約**ᄒᆞ야 **無荒淫之失**호ᄃᆡ **但寵信趙張**ᄒᆞ야 **使擅威福**ᄒᆞ고 **踈棄敬李舊臣**ᄒᆞ야 **不用其言**ᄒᆞ야 **以至於亡**ᄒᆞ다

梁主에人되미溫恭ᄒᆞ고儉約ᄒᆞ야荒淫에失이無호ᄃᆡ다만趙張을寵信ᄒᆞ야하야금威福을擅케ᄒᆞ고敬李舊臣을踈棄ᄒᆞ야그言을用치안니ᄒᆞ야써亡ᄒᆞᄂᆞᆫᄃᆡ至ᄒᆞ더라

唐主ㅣ遣使ᄒᆞ야 **以滅梁**으로 **告吳蜀**ᄒᆞ니 **一國**이 **皆懼**라 **嚴可求ㅣ曰聞唐主ㅣ始得中原**에 **志氣驕滿**ᄒᆞ고 **御下無法**ᄒᆞ니 **不出數年**에 **將有內變**ᄒᆞ리니 **吾ㅣ但當卑辭厚禮**ᄒᆞ야 **保境安民**ᄒᆞ고 **以待之耳**ᄒᆞ라더라 **唐主ㅣ**

幼善音律故로伶人이多有寵ᄒᆞ야常侍左右ᄒᆞ고唐主ㅣ或時에自傳粉墨ᄒᆞ고與優人으로共戲於庭ᄒᆞ야以悅劉夫人ᄒᆞ니優ㅣ名謂之李天下ᄒᆞᆫ듸諸伶이出入宮掖에侮弄縉紳ᄒᆞ니羣臣이憤嫉ᄒᆞ야莫敢出氣ᄒᆞ더라

唐主ㅣ使을遣ᄒᆞ야梁을滅ᄒᆞᆷ으로써吳蜀에告ᄒᆞ니二國이다懼ᄒᆞ는지라嚴可求ㅣ曰聞ᄒᆞ니唐主ㅣ비로소中原을得ᄒᆞ미志와氣ㅣ驕滿ᄒᆞ고下을御ᄒᆞ미法이無ᄒᆞ니數年이不出ᄒᆞ야장찻內變이有할지라吾ㅣ다만맛당이辭을卑ᄒᆞ고禮을厚이ᄒᆞ야境을保ᄒᆞ고民을安ᄒᆞ야써待ᄒᆞ리라ᄒᆞ더라唐主ㅣ幼ᄒᆞ야音律을善히ᄒᆞ는故로伶人이多히寵이有ᄒᆞ야항상左右에侍ᄒᆞ고唐主或時에粉墨을自傳ᄒᆞ고優人으로더부러ᄒᆞᆫ가지庭에셔戲ᄒᆞ야써劉夫人을悅ᄒᆞ니優ㅣ名ᄒᆞ되李天下라ᄒᆞᆫ듸모든伶이宮掖에出入ᄒᆞ야縉紳을侮弄ᄒᆞ니羣臣이憤ᄒᆞ고嫉ᄒᆞ야敢히氣을出하지못ᄒᆞ더라

張全義請唐主遷都洛陽이어늘從之ᄒᆞ다

張全義ㅣ唐主에게都을洛陽에遷ᄒᆞ기을請ᄒᆞ거늘從ᄒᆞ다

契丹 天贊二年

(甲申)後唐同光二年○是歲岐降後唐凡四國四鎭 正月에唐이以岐王으로改封秦王ᄒᆞ다

正月에唐이岐王으로써改ᄒᆞ야秦王을封ᄒᆞ다

二月에唐主ㅣ祀南郊ᄒᆞ고大赦ᄒᆞ더니郭崇韜ㅣ首獻勞軍錢十萬緡ᄒᆞᆫ대唐主ㅣ內府之財ㅣ山積호ᄃᆡ不肯給賜ᄒᆞ야曰吾晋陽에自有儲積ᄒᆞ니可令租庸을輦取以相助ㅣ니라ᄒᆞᆫ대於是에軍士ㅣ皆不滿望ᄒᆞ야始怨限有離心矣러라

二月에唐主ㅣ南郊에祀ᄒᆞ고크게赦ᄒᆞ더니郭崇韜ㅣ首히勞軍錢十萬緡을獻ᄒᆞ다唐主ㅣ內府에財가山갓치積호ᄃᆡ給賜ᄒᆞ기을肯치안니ᄒᆞ야曰吾ㅣ晋陽에스ᄉᆞ로儲積이有ᄒᆞ니可히令ᄒᆞ야租庸을輦取ᄒᆞ야써서루助ᄒᆞ리라ᄒᆞ니이에軍과士가다滿望치안니ᄒᆞ야始히怨限ᄒᆞ야離心이有ᄒᆞ더라

唐郭崇韜ㅣ位兼將相ᄒᆞ고復領節旄ᄒᆞ야以天下爲己任ᄒᆞ니權侔人主ㅣ어ᄂᆞᆯ由是로嬖倖이疾之於內ᄒᆞ고勳舊ㅣ怨之於外러라

唐郭崇韜ㅣ位가將相을兼ᄒᆞ고復히節旄을領ᄒᆞ야天下로써己任을爲ᄒᆞ니權이人主에와侔ᄒᆞ거ᄂᆞᆯ是로由ᄒᆞ야嬖倖이內에셔疾ᄒᆞ고勳舊ㅣ外에셔怨ᄒᆞ더라

四月에秦忠敬王李茂貞이卒에 遺奏ᄒᆞ야以其子繼曮으로權知鳳翔軍府事ᄒᆞ다

四月에秦忠敬王李茂貞이卒ᄒᆞ미遺奏ᄒᆞ야 그子繼曮으로써鳳翔軍府事을權知ᄒᆞ다

契丹 背阿古只寇唐幽蔚州

唐이遣李嗣源ᄒᆞ야 鎭成德禦之ᄒᆞ다

唐이李嗣源을遣ᄒᆞ야成德을鎭ᄒᆞ야禦ᄒᆞ다

(乙酉) 後唐同光三年○蜀咸康元年○漢白龍元年○是歲凡四國四鎭 唐主ㅣ性剛好勝ᄒᆞ야 不欲權在臣下ᄒᆞ야入洛之後에信伶官之讒ᄒᆞ야頗疎忌宿將ᄒᆞ더라

唐主ㅣ性이剛ᄒᆞ고勝을好ᄒᆞ야權을臣下에在ᄒᆞ안니코조히셔洛에入ᄒᆞᆫ後에伶官에讒을信ᄒᆞ야頗히宿將을疎忌ᄒᆞ더라

九月에唐主ㅣ與宰相으로議伐蜀ᄒᆞᆯ서以魏王繼岌으로 充西川四面行營都統ᄒᆞ고崇韜로 充東北面行營都招討制置等使ᄒᆞ야軍事

을悉以委之ᄒᆞ다 戊申에 大軍이 西行入散關ᄒᆞ야 倍道而進ᄒᆞ니 王承捷이 以鳳興文扶四州印節로 迎降ᄒᆞ고 自餘城鎭은 皆望風欵附ᄒᆞ거늘 遂進兵逼成都ᄒᆞ니 蜀王이 輿櫬銜璧ᄒᆞ고 出降ᄒᆞ니 釋義王氏曰古者相見之禮皆有所幸以爲贄公侯伯子男執玉賈逵曰銜璧者盖以手縛于後不能執璧故銜之也 大軍이 入成都ᄒᆞ야 崇韜ㅣ 禁軍士侵掠ᄒᆞ고 市不改肆ᄒᆞ니 自出師로 至克蜀히 凡七十日이러라

九月에 唐主ㅣ 宰相으로 더부러 蜀을 伐ᄒᆞ기을 議ᄒᆞᆯ식 魏王繼岌으로 西川四面行營都統을 充ᄒᆞ고 崇韜로 東北面行營都招討制置等使을 充ᄒᆞ야 軍事을 悉히 써 委ᄒᆞ다 戊申에 大軍이 西으로 行ᄒᆞ야 散關에 入ᄒᆞ야 道을 倍ᄒᆞ야 進ᄒᆞ니 王承捷이 鳳興文扶四州印節로써 迎降ᄒᆞ고 自餘城鎭은 다 風을 望ᄒᆞ고 欵附ᄒᆞ거늘 드듸여 兵을 進ᄒᆞ야 成都을 逼ᄒᆞ니 蜀王이 輿櫬銜璧ᄒᆞ고 出ᄒᆞ야 降ᄒᆞ니 大軍이 成都에 入ᄒᆞ야 崇韜ㅣ 軍士에 侵掠을 禁ᄒᆞ고 市에 肆을 改치 안니ᄒᆞ니 師ㅣ 出ᄒᆞᆷ으로 自ᄒᆞ야 蜀을 克ᄒᆞᆷ에 至ᄒᆞ기무읏七十日리러라

十二月에 閩王審知ㅣ 卒ᄒᆞ니 子延翰이 自稱威武留後ᄒᆞ다

十二月에閩王審知ㅣ卒ᄒᆞ니子延翰이ᄉᆞᄉᆞ로威武留後라稱ᄒᆞ다
時에成都을雖下ㅣ나而蜀中盜賊이羣起ᄒᆞ야布滿山林이라崇韜ㅣ恐大軍이旣去에更爲後患ᄒᆞ야命任圜張筠ᄒᆞ야分道招討ᄒᆞᆫ디以是로淹留未還이러니唐主ㅣ遣宦者向延嗣ᄒᆞ야促之어ᄂᆞᆯ崇韜ㅣ待之倨ᄒᆞᆫ디延嗣ㅣ歸言ᄒᆞᆫ디崇韜專權ᄒᆞ니王이寄身於虎狼之口ㅣ이다ᄒᆞ니唐主ㅣ遣馬彥珪ᄒᆞ야馳詣成都ᄒᆞ야觀崇韜去就ᄒᆞ서皇后ㅣ自爲教與繼岌ᄒᆞ야(魚及反)令殺崇韜ᄒᆞ고以孟知祥으로爲西川節度使ᄒᆞ다

時에成都을비록下ᄒᆞ얏ᄉᆞ나蜀中盜賊이群起ᄒᆞ야山林에布滿ᄒᆞᆫ지라崇韜ㅣ大軍이임의去ᄒᆞ미更히後患이될가恐ᄒᆞ야任圜과張筠을命ᄒᆞ야道을分ᄒᆞ야招討ᄒᆞ니是로써淹留ᄒᆞ여還치안니ᄒᆞ더라唐主ㅣ宦者向延嗣을遣ᄒᆞ야促ᄒᆞ거ᄂᆞᆯ崇韜ㅣ待ᄒᆞ기을倨ᄒᆞᆫ디延嗣ㅣ歸ᄒᆞ야言ᄒᆞ되崇韜ㅣ權을專ᄒᆞ니王이身을虎狼에口에寄ᄒᆞᆷ이니다ᄒᆞ니唐主ㅣ馬彥珪을遣ᄒᆞ야馳ᄒᆞ야成都에詣ᄒᆞ야崇韜에去就을觀ᄒᆞ라ᄒᆞ니皇后ㅣᄉᆞᄉᆞ로敎ᄒᆞ야繼岌을與ᄒᆞ야하야금崇韜을殺ᄒᆞ고孟知祥으로써西川節

度使을삼다

契丹主 億丙戌年卒于扶餘廟號太祖皇帝是年改天顯次子德光立是爲太宗

明宗 在位八年 壽六十七 本北狄種莊宗養以爲子名嗣源改名亶在位年穀屢豐兵革罕用校於五代粗爲小康

(丙戌) 後唐同光四年四月明宗李嗣源天成元年○吳越寶正元年○是歲蜀亡閩建國凡四國三鎭 正月에 唐魏王繼岌이 將發成都ᄒᆞᆯ서 馬彥珪ㅣ 至ᄒᆞ야 以皇后教로 示繼岌ᄒᆞᆫ디 繼岌이 命召崇韜ᄒᆞ야 計事ᄒᆞᆯ서 繼岌이 登樓避之ᄒᆞ다 崇韜ㅣ 方升階어ᄂᆞᆯ 繼岌애 從者李環이 撾碎其首ᄒᆞ고 撾莊華反 幷殺其子廷誨ᄒᆞ다

正月에 唐魏王繼岌이 將차成都에 發ᄒᆞᆯ서 馬彥珪ㅣ 至ᄒᆞ야 皇后에 教로써 繼岌에 示ᄒᆞᆫ디 繼岌이 崇韜을 命召ᄒᆞ야 事을 計ᄒᆞᆯ서 繼岌이 樓에 登ᄒᆞ야 避ᄒᆞ다 崇韜ㅣ 바야ᄒᆞ로 階에 升ᄒᆞ거ᄂᆞᆯ 繼岌에 從者李環이 그 首을 撾碎ᄒᆞ고 幷히 그 子廷誨을 殺ᄒᆞ다

唐趙在禮ㅣ 反于鄴이어ᄂᆞᆯ 命李嗣源ᄒᆞ야 討之ᄒᆞ다 三月에 嗣源이 至鄴都下ᄒᆞ야 令軍中ᄒᆞ야 詰旦攻城ᄒᆞᆯ서 是夜에 從馬直軍士張破敗ㅣ 作

亂ᄒᆞ야 帥衆大譟ᄒᆞ고 殺都將焚營舍ᄒᆞ고 詰旦에 亂兵이 逼中軍이어ᄂᆞᆯ 嗣源이 叱而問之曰爾曹ㅣ欲何爲오 對曰將士從主上十年에 百戰以得天下ㅣ러니 今主上이 棄恩任威ᄒᆞ야 云호ᄃᆡ 克城之後에 當盡坑魏博之軍이라ᄒᆞ니 我輩ㅣ 初無叛心이오 但畏死耳라 今衆議ㅣ欲城中이 合勢ᄒᆞ야 擊退諸道之軍ᄒᆞ고 請主上帝河南ᄒᆞ고 令公이 帝河北ᄒᆞ야 爲軍民之主ㅣ니이다 嗣源이 泣諭之不從이러라 嗣源所奏ㅣ 皆爲李紹榮의 所遏ᄒᆞ야 不得通ᄒᆞ니 嗣源이 由是로 疑懼ᄂᆞᆯ어 石敬瑭이 曰夫事ᄂᆞᆫ 成於果決而敗於猶豫ᄒᆞ니라 康義誠이 曰主上이 無道ᄒᆞ야 軍民이 怨怒ᄒᆞ니 公이 從衆則生ᄒᆞ고 守節則死ㅣ이라 嗣源이 乃令安重誨로 移檄會兵ᄒᆞ니 軍勢ㅣ 大盛이러라 李紹榮이 請唐主幸關東ᄒᆞ야 招撫之ᄒᆞ되 唐主ㅣ從之ᄒᆞ다 唐主至萬勝鎭ᄒᆞ야 聞嗣源이 已據大梁ᄒᆞ고 諸軍이 離叛ᄒᆞ고 神色이 沮喪ᄒᆞ야 登高歎曰吾ㅣ 不濟矣로다 卽命旋師ᄒᆞ야 歸

入洛城이러니 四月에 從馬直指揮使郭從謙이 作亂ᄒᆞᄃᆡ 近臣宿將이 皆釋甲潛遁이어늘 俄而오 唐主ㅣ 爲流矢所中ᄒᆞ야 須臾에 遂殂ᄒᆞ다

唐趙在禮ㅣ鄴에反ᄒᆞ거늘李嗣源을命ᄒᆞ야討ᄒᆞ다三月에嗣源이鄴都下에至ᄒᆞ야軍中에令ᄒᆞ야詰旦에城을攻ᄒᆞᆯ식이밤에從馬直軍士張破敗ㅣ亂을作ᄒᆞ야衆을帥ᄒᆞ고크게譟ᄒᆞ야都將을殺ᄒᆞ고營舍을焚ᄒᆞ고詰旦에亂兵이中軍을逼ᄒᆞ거늘嗣源이叱ᄒᆞ고問ᄒᆞ야曰爾에무리가엇지ᄒᆞ고ᄌᆞᄒᆞ는고對ᄒᆞ야曰將士ㅣ主上을從ᄒᆞᆫ지十年에百戰에써天下를得ᄒᆞ얏더니이제主上이恩을棄ᄒᆞ고威을任ᄒᆞ야云ᄒᆞ되城을克ᄒᆞᆫ後에맛당히魏博에軍을盡히坑ᄒᆞᆫ다ᄒᆞ니我에무리가初에叛心이無ᄒᆞ고但히死을畏ᄒᆞᆷ이라이제衆議가城中이合勢ᄒᆞ야諸道에軍을擊退ᄒᆞ고請ᄒᆞ건ᄃᆡ主上은河南에帝ᄒᆞ고令公은河北에帝ᄒᆞ야軍民에主을삼고ᄌᆞᄒᆞ노이다嗣源이泣ᄒᆞ고諭ᄒᆞ되從치안니ᄒᆞ더라嗣源의奏ᄒᆞᆫ所ㅣ皆히李紹榮에遏ᄒᆞᆫ바되야셔通ᄒᆞᆷ을得지못ᄒᆞ니嗣源이是로由ᄒᆞ야疑ᄒᆞ고懼ᄒᆞ거늘石敬瑭이曰무슷일니果決에成ᄒᆞ고猶豫에敗ᄒᆞᆫ다ᄒᆞ니康義誠이曰主上이道가無ᄒᆞ미軍과民이怨怒ᄒᆞ니公이衆을從ᄒᆞᆫ즉生ᄒᆞ고節을守ᄒᆞᆫ즉死ᄒᆞ리라嗣源이이에安重誨로ᄒᆞ야곰檄을移ᄒᆞ고兵을會ᄒᆞ니軍勢크게盛ᄒᆞ더라李紹榮이唐主ㅣ關東에幸ᄒᆞ야招撫ᄒᆞ기을請ᄒᆞᆫᄃᆡ唐主ㅣ從ᄒᆞ다唐主ㅣ萬勝鎭에至ᄒᆞ야嗣源이임의大梁을據ᄒᆞ고모든軍이離叛ᄒᆞᆷ을聞ᄒᆞ고

神色이沮喪ᄒᆞ야놉히올나歎ᄒᆞ야曰吾ㅣ濟치못ᄒᆞᆯ지로다卽히命ᄒᆞ야師을旋ᄒᆞ야
洛陽에歸入ᄒᆞ얏더니四月에 從馬直指揮使 郭從謙이亂을作ᄒᆞ니近臣과宿將이
다甲을釋ᄒᆞ고潜遁ᄒᆞ더니 俄而오唐主ㅣ流矢에中ᄒᆞᆫ바되야須臾에드듸여殂ᄒᆞ
다

是日에李嗣源이至罌子谷ᄒᆞ야聞之痛哭ᄒᆞ고 謂諸將曰主上이素得士心이나正爲羣小蔽惑ᄒᆞ야致此ᄒᆞ니 今吾將安歸乎아己丑에嗣源이入洛陽ᄒᆞ니百官이三上牋ᄒᆞ야請嗣源監國ᄒᆞᆫᄃᆡ 嗣源이乃許之ᄒᆞ고於柩前에 即皇帝位ᄒᆞ다

是日에李嗣源이罌子谷에至ᄒᆞ야聞ᄒᆞ고痛哭ᄒᆞ고諸將더러謂ᄒᆞ야曰主上이본ᄃᆡ士心을得ᄒᆞ얏스나正히羣小에蔽惑이되야此을致ᄒᆞ니이졔吾ㅣ將찻어ᄃᆡ로歸ᄒᆞ라오己丑에嗣源이洛陽에入ᄒᆞ니百官이세번牋을上ᄒᆞ야嗣源이監國ᄒᆞ기을請ᄒᆞᆫᄃᆡ嗣源이이에許ᄒᆞ고柩前에셔皇帝位에即ᄒᆞ다

唐主ㅣ目不知書ᄒᆞ야 四方奏事를 皆令安重誨로 讀之ᄒᆞ나 重誨亦不能盡通ᄒᆞ야乃奏ᄒᆞᆫᄃᆡ 願倣前朝待講侍讀과 近代直崇政樞

密院ᄒᆞ야選文學之臣ᄒᆞ야與之共事ᄒᆞ야以備應對ᄒᆞ니乃置端明殿學士ᄒᆞᆯ새以翰林學士馮道와趙鳳으로爲之ᄒᆞ다

唐主ㅣ目으로書를知치못ᄒᆞ야四方에奏事를다安重誨로ᄒᆞ야금讀ᄒᆞ니重誨또ᄒᆞᆫ能히盡通ᄒᆞ지못ᄒᆞ야이에奏ᄒᆞ되願컨ᄃᆡ前朝에侍講侍讀과近代에直崇政樞密院을倣ᄒᆞ야文學에臣을選ᄒᆞ야더부러事을共ᄒᆞ야써應對을備ᄒᆞᆯ지니다이에端明殿學士을置ᄒᆞᆯ새翰林學士馮道와趙鳳으로삼다

昭武節度使王延翰이自稱大閩國王ᄒᆞ다

昭武節度使王延翰이스ᄉᆞ로大閩國王을稱ᄒᆞ다

(丁亥) 後唐天成二年吳乾貞元年是歲後唐漢吳閩凡四國吳越荊南湖南凡三鎭 春正月에馮道崔協으로並爲中書侍郞同平章事ᄒᆞ다

春正月에馮道와崔協으로並히中書侍郞同平章事을삼다

秋八月에楚王殷이始建國ᄒᆞ다

秋八月에楚王殷이비로소國을建ᄒᆞ다

十一月에吳王이卽皇帝位ᄒᆞ다吳丞相徐溫이卒ᄒᆞ니吳主ㅣ以其

子知誥으로都督中外諸軍事ᄒᆞ다
十一月吳王이皇帝位에即ᄒᆞ다吳丞相徐溫이卒ᄒᆞ니吳主ㅣ그子知誥으로써中外
諸軍事을都督ᄒᆞ다
契丹(太宗德光立仍稱天顯二年)
(戊子)(後唐天成三年○漢大有元年○是歲凡四國三鎭)十二月에荊南節度使高季興이卒ᄒᆞ니命
其子從誨ᄒᆞ야權知軍府事ᄒᆞ다
十二月에荊南節度使高季興이卒ᄒᆞ니그子從誨을命ᄒᆞ야軍府事을權知ᄒᆞ다
契丹(天顯三年)
己丑(唐天成四年○吳太和元年○是歲四國三鎭)九月에唐主ㅣ與馮道로從容에語及年穀屢
登ᄒᆞ고四方無事ᄒᆞᆯ서道ㅣ曰臣이常記ᄒᆞ노니昔在先皇幕府ᄒᆞ야奉使中
山ᄒᆞ야歷井陘之險ᄒᆞᆯ서臣이憂馬蹶(居月反)ᄒᆞ야執轡甚謹ᄒᆞ야幸而無失이러니
逮至平路ᄒᆞ야放轡自逸이라가俄至顚隕ᄒᆞ니凡爲天下者도亦猶是
也ㅣ니다唐主ㅣ深以爲然ᄒᆞ야又問道ᄒᆞᄃᆡ今歲雖豐이나百姓이贍足

否아 道ㅣ曰農家ㅣ歲凶則死於流殍ᄒᆞ고 歲豐則傷於穀賤ᄒᆞ니 豐凶皆病者는 惟農家爲然이라 臣이 記進士聶夷中詩云호ᄃᆡ 二月에 賣新絲ᄒᆞ고 五月에 糶新穀ᄒᆞ니 醫得眼前瘡이나 剜却心頭肉이라ᄒᆞ니 語雖鄙俚나 曲盡田家之情狀이라 農於四人之中에 最爲勤苦ᄒᆞ니 人主ㅣ不可不知也니이다 ○ 契丹 天顯四年

九月에唐主ㅣ馮道로더부러從容이語ᄒᆞ야年穀이屢登ᄒᆞ고四方이事無ᄒᆞᆫᄃᆡ及ᄒᆞᆯ서道ㅣ曰臣이常히記ᄒᆞ노니昔에先皇幕府에在ᄒᆞ야中山에奉使ᄒᆞ야井陘에險ᄒᆞᆷ을歷ᄒᆞᆯ서臣이馬蹶을憂ᄒᆞ야轡을執ᄒᆞ미甚히謹ᄒᆞ야다힝이失ᄒᆞ미無ᄒᆞ더니平路에至ᄒᆞ기의遽ᄒᆞ야轡을放ᄒᆞ고ᄉᆞᄉᆞ로逸ᄒᆞ다가俄에顚隕ᄒᆞᆷ에至ᄒᆞ얏시니무릇天下을爲ᄒᆞᄂᆞᆫ者도ᄯᅩᄒᆞᆫ是와猶ᄒᆞᆫ이니다唐主ㅣ집피써글어이여겨서ᄯᅩ道에게問ᄒᆞ되今歲ㅣ비록豐ᄒᆞ나百姓이贍足ᄒᆞᆫ가否ᄒᆞᆫ가道ㅣ曰農家ㅣ歲凶ᄒᆞᆫ則流殍에死ᄒᆞ고歲豐ᄒᆞᆫ則穀賤에傷ᄒᆞ니豐과凶에다病ᄒᆞᄂᆞᆫ者ᄂᆞᆫ오쟉農家이그러ᄒᆞ니다臣이記ᄒᆞ건ᄃᆡ進士聶夷中詩에云ᄒᆞ되二月에新絲을賣ᄒᆞ고五月에新穀을糶ᄒᆞ니眼前에瘡을醫得ᄒᆞ나心頭에肉을剜却ᄒᆞᆫ다ᄒᆞ니語가비록鄙俚ᄒᆞ나田家에情狀이曲盡ᄒᆞᆫ지라農은四人中에最히勤苦ᄒᆞ미되니人主가可히知치못ᄒᆞᆫ다ᄒᆞ지못ᄒᆞᆯ지이다

(庚寅)唐長興元年是歲凡四國三鎭 唐이 以前忠武節度使張延朗으로 行工部尙書ᄒᆞ야 充三司使ᄒᆞ니 三司使之名이 自此로 始ᄒᆞ다

唐이前忠武節度使張延朗으로써工部尙書을行ᄒᆞ야三司使을充ᄒᆞ니三司使에名이此로自ᄒᆞ야始ᄒᆞ다

十一月에 楚王殷이 卒ᄒᆞ고 子ㅣ希聲이 襲位ᄒᆞ야 稱遺命ᄒᆞ고 去建國之制ᄒᆞ고 復藩鎭之舊어늘 唐主ㅣ以希聲으로 爲武安靜江節度使ᄒᆞ다 契丹 天顯五年

十一月에楚王殷이卒ᄒᆞ니子希聲이位를襲ᄒᆞ야遺命이라稱ᄒᆞ고建國에制을去ᄒᆞ고藩鎭에舊을復ᄒᆞ거늘唐主ㅣ希聲으로써武安靜江節度使을ᄉᆞᆷ다

(壬辰)唐長興三年○是歲凡四國三鎭 三月에 吳越武肅王錢鏐ㅣ 卒ᄒᆞ니 年이 八十一이라 中子傳瓘이 立ᄒᆞ다

三月에吳越武肅王錢鏐ㅣ卒ᄒᆞ니年이八十一이라中子傳瓘이立ᄒᆞ다

秋七月에 唐武安靜江節度使馬希聲이 卒ᄒᆞ니 六軍使袁詮

潘約等이迎希範於朗州ᄒᆞ야而立之ᄒᆞ다

秋七月에唐武安靜江節度使馬希聲이卒ᄒᆞ니六軍使袁詮과潘約等이希範을朗州에迎ᄒᆞ야立ᄒᆞ다

(癸巳)唐長興四年○閩王王延鈞龍啓元年○是歲凡四國三鎭 春正月에 閩王延鈞이 即皇帝位ᄒᆞ야國號를大閩이라ᄒᆞ다

春正月에閩王延鈞이皇帝位에卽ᄒᆞ야國號을大閩이라ᄒᆞ다

三月에唐이以孟知祥으로爲東西川節度使蜀王ᄒᆞ다

三月에唐이孟知祥으로써東西川節度使蜀王을ᄉᆞᆷ다

十一月에唐主ㅣ殂ᄒᆞ다唐主ㅣ性不猜忌ᄒᆞ야與物無競이러니 登極之年에已踰六十이라每夕에於宮中에焚香祝天ᄒᆞ야曰某는胡人이라因亂爲衆所推ᄒᆞ니願天은早生聖人ᄒᆞ야爲生民主ᄒᆞ소서 在位八年에年穀이屢豐ᄒᆞ고兵革을罕用ᄒᆞ니校於五代에粗爲小康이러라

十一月에唐主ㅣ殂ᄒᆞ다唐主ㅣ性이猜忌를아니ᄒᆞ야物로더비러競ᄒᆞ미無ᄒᆞ더라登極ᄒᆞᆷ에年이임의六十이踰ᄒᆞᆫ지라미양夕에宮中에서香을焚ᄒᆞ고祝天ᄒᆞ야曰某

라亂을因ᄒᆞ야衆에推ᄒᆞᆫ바되여시니願컨ᄃᆡ天은무히聖人을生ᄒᆞ야生民에主을삼
으소서位에在ᄒᆞᆫ지八年에年穀이屢히豐ᄒᆞ고兵革을罕히用ᄒᆞ니五代에校ᄒᆞ미粗
히小康ᄒᆞ더라

十二月에宋王從厚ㅣ即皇帝位ᄒᆞ니是爲閔帝라改元應順ᄒᆞ다○

契丹 天顯八年

十二月에宋王從厚가皇帝位에即ᄒᆞ니이閔帝가된지라元을應順이라改ᄒᆞ다

潞王 名從珂明帝養子本姓王氏廢閔帝而自立石敬瑭反遂自焚史曰廢帝 **在位二年**

(甲午) 唐閔帝從厚應順元年四月以後唐主從珂淸泰元年○蜀主孟知祥明德元年是歲蜀建國凡五國三鎭 **唐鳳翔節度使兼侍中**
潞王從珂ㅣ 立何反 **與石敬瑭으로少從明帝征伐ᄒᆞ야有功名得衆心**
ᄒᆞ고朱弘昭와馮贇이位望이素出二人下遠甚이러니一旦에執朝政
ᄒᆞ니皆忌之라潞王이由是로疑懼러라

唐鳳翔節度使兼侍中潞王從珂ㅣ石敬瑭으로더부러少에明帝의征伐을從ᄒᆞ야功
名이有ᄒᆞ며衆心을得ᄒᆞ고朱弘昭와馮贇이位와望이素히二人下에出ᄒᆞ미遠ᄒᆞ고
甚ᄒᆞ더니一旦에朝政을執ᄒᆞ니다忌ᄒᆞᄂᆞᆫ지라潞王이是로由ᄒᆞ야疑ᄒᆞ고懼ᄒᆞ더라

閏月에 蜀將吏ㅣ 勸蜀王知祥ᄒᆞ야 稱帝어ᄂᆞᆯ 知祥이 即皇帝位于成都ᄒᆞ다

閏月에 蜀將吏ㅣ 蜀王知祥을 勸ᄒᆞ야 帝을 稱ᄒᆞ라 ᄒᆞ거ᄂᆞᆯ 知祥이 皇帝位을 成都에 即ᄒᆞ다

唐潞王이 既與朝廷으로 猜阻라 乃移檄鄰道ᄒᆞ야 言朱弘昭等이 乘先帝疾亟ᄒᆞ야 殺長立少ᄒᆞ고 專制朝權ᄒᆞ니 今從珂將入朝ᄒᆞ야 以淸君側之惡ᄒᆞ리라 三月에 潞王이 建大將旗鼓ᄒᆞ고 整衆而東ᄒᆞ니 唐主ㅣ 聞潞王이 至陜ᄒᆞ고 憂駭不知所爲ㅣ라 是夕에 唐主ㅣ 以五十騎로 出玄武門ᄒᆞ야 至衛州ᄒᆞ야 依刺史王弘贄ᄒᆞ다

唐潞王이 임의 朝廷으로더부러 猜阻ᄒᆞᆫ지라 이에 檄을 鄰道에 移ᄒᆞ야 言ᄒᆞᄃᆡ 朱弘昭等이 先帝에 疾亟ᄒᆞᆷ을 乘ᄒᆞ야 長을 殺ᄒᆞ고 少을 立ᄒᆞ고 朝權을 專制ᄒᆞ니 이제 從珂ㅣ 장ᄎᆞᆺ 朝에 入ᄒᆞ야 써 君側에 惡을 淸ᄒᆞ리라 三月에 潞王이 大將旗鼓을 建ᄒᆞ고 무리를 整ᄒᆞ야 東으로 ᄒᆞ니 唐主ㅣ 潞王이 陜에 至ᄒᆞᆷ을 聞ᄒᆞ고 憂駭ᄒᆞ야 ᄒᆞᆯ바을 不知ᄒᆞ더라 是夕에 唐主ㅣ 五十騎로써 玄武門에 出ᄒᆞ야 衛州에 至ᄒᆞ야 刺史王弘贄의게 依ᄒᆞ다

唐潞王이至蔣橋ᄒᆞ니馮道等이皆上牋勸進이어늘太后下令ᄒᆞ야廢少帝爲鄂王ᄒᆞ고令潞王으로即位於柩前ᄒᆞ다

唐潞王이蔣橋에至ᄒᆞ니馮道에무리牋가다을上ᄒᆞ야進ᄒᆞ기를勸ᄒᆞ거늘太后ㅣ令을下ᄒᆞ야少帝을廢ᄒᆞ야鄂王을숨고潞王으로ᄒᆞ야금柩前에서位에即ᄒᆞ다

唐主이欲更命相ᄒᆞ야問所親信以朝臣聞望이宜爲相者ᄒᆞᆫ되皆以盧文紀崔居儉으로對ᄒᆞ어늘唐主ㅣ不能決ᄒᆞ야乃實其名於琉璃瓶ᄒᆞ고夜에焚香祝天ᄒᆞ고且以著로挾之ᄒᆞ야首得文紀ᄒᆞ니遂以爲相ᄒᆞ다

唐主ㅣ다시相을命ᄒᆞ고져ᄒᆞ야親信ᄒᆞᆫ바의게朝臣에聞望이써맛당이相이될만ᄒᆞᆫ者를問ᄒᆞᆫ되다盧文紀와崔居儉으로써對ᄒᆞ거늘唐主ㅣ能히決치못ᄒᆞ야이에그名을琉璃瓶에實ᄒᆞ고夜에香을焚ᄒᆞ고天에祝ᄒᆞ고또著로써挾ᄒᆞ야文紀을首得ᄒᆞ니드듸여써相을삼다

唐主與石敬瑭이皆以勇力善鬪로事明宗爲左右ᄒᆞ나然이나心競素不相悅이러니帝ㅣ即位에敬瑭이不得已入朝ᄒᆞ어늘乃復以爲河東節度使ᄒᆞ다

唐主와石敬瑭이다勇力과善鬪홈으로써明宗을事ᄒᆞ야左右가되얏시나그러나心에競ᄒᆞ야素히설우悅ᄒᆞ지못ᄒᆞ더니帝ㅣ位에卽ᄒᆞ미敬瑭이마지못ᄒᆞ야入ᄒᆞ야朝ᄒᆞ거늘이에다시써河東節度使을삼다

蜀主ㅣ殂ᄒᆞ니太子仁贊이卽皇帝位ᄒᆞ야更名昶이라ᄒᆞ다 ○契丹主德光天顯九年

蜀主ㅣ殂ᄒᆞ니太子仁贊이皇帝位에卽ᄒᆞ야名을昶이라更ᄒᆞ다

(乙未)唐潞王淸泰二年○吳天祚元年閩永和元年○是歲凡五國三鎭 **六月에唐河東節度使石敬瑭이既還鎭에陰爲自全之計러라**

六月에河東節度使石敬瑭이임의鎭에還ᄒᆞ미가만히自全ᄒᆞᆯ計을ᄒᆞ더라

吳ㅣ徐知誥로進封齊王ᄒᆞ다

吳ㅣ徐知誥으로齊王을進封ᄒᆞ다

右後唐四主共一十三年

後晉紀

高祖 在位七年 壽五十一 名敬瑭姓石氏其先本出西夷穡勇力善戰唐明宗愛之妻以永寧公主淸泰元年鎭太原徙鎭天平不受命因求援於契丹尊卽帝位 **附丙申**契丹主太宗德光天顯十一年

(丙申)唐淸泰三年十一月以後晉高祖石敬瑭天福元年○閩主昶通文元年○是歲唐亾晉興凡五國三鎭 春正月에 唐主ㅣ以千春節로 置酒ᄒᆞ더니 晉國長公主ㅣ上壽畢에 辭歸晉陽이어늘 唐主ㅣ醉曰何不且留ᄒᆞ고 遽歸오 欲與石郞으로 反耶아 石敬瑭이 聞之益懼러라

春正月에唐主ㅣ千春節로써酒을置ᄒᆞ더니晉國長公主ㅣ上壽을畢ᄒᆞ미晉陽에歸ᄒᆞ기을辭ᄒᆞ거ᄂᆞᆯ唐主ㅣ醉ᄒᆞ야曰엇지ᄯᅩ留치안니ᄒᆞ고遽히歸ᄒᆞᄂᆞᆫ요石郞으로더부러反ᄒᆞ고ᄌᆞᄒᆞᄂᆞᆫ야石敬瑭이聞ᄒᆞ고益懼ᄒᆞ다

初에 唐主ㅣ欲使敬瑭으로 移鎭鄆州ᄒᆞᆫᄃᆡ 李崧呂琦等이 皆力諫ᄒᆞᆫᄃᆡ 以爲不可어늘 薛文遇ㅣ曰河東은 移亦反이오 不移亦反ᄒᆞ야 在朝暮耳니 不若先事圖之니다 唐主ㅣ大喜曰卿言이 殊豁吾意ᄒᆞ니 成敗를 吾決行之ᄒᆞ리라 即爲除目ᄒᆞ야 付學士院ᄒᆞ야 使草制ᄒᆞ야 以敬瑭으로 爲天平節度使ᄒᆞ니 制出에 兩班이 相顧失色이러라 敬瑭이 疑懼ᄒᆞ야 謀於將佐曰吾之再來河東也에 主上이 面許終身不除代러니 今忽有是命ᄒᆞ니 得非如今年千春節에 與公主所言乎아 我不

興亂이면 朝廷이 發之ᄒᆞ리니 安能束手死於道路乎아 都押衙劉
知遠이 曰明公이 久將兵ᄒᆞ야 得士卒心ᄒᆞ고 今據形勝之地ᄒᆞ야 士馬
精彊ᄒᆞ니 若稱兵傳檄이면 帝業을 可成ᄒᆞ리니 奈何以一紙制書로 自
投虎口乎아 掌書記桑維翰이 曰契丹主ㅣ 部落이 近在雲應
ᄒᆞ니 公이 誠能推心ᄒᆞ야 屈節事之면 萬一有急이라도 朝呼夕至ᄒᆞ리니 何
患無成이리오 敬瑭이 意遂決ᄒᆞ야 表唐主호ᄃᆡ 養子는 不應承祀니 請
傳位許王이어늘 唐主ㅣ 手裂其表抵地ᄒᆞ고 制ᄒᆞ야 削奪敬瑭官爵ᄒᆞ고
以張敬達로 兼太原四面排陳使ᄒᆞ야 率諸將討之ᄒᆞ다 敬瑭이 遣
間使ᄒᆞ야 求救於契丹호ᄃᆡ 令桑維翰으로 草表ᄒᆞ야 稱臣於契丹主ᄒᆞ고 且
請以父禮로 事之ᄒᆞ고 約호ᄃᆡ 事捷之日에 割盧龍一道及鴈門關
以北諸州ᄒᆞ야 與之호ᄃᆡ 劉知遠이 諫曰稱臣은 可矣어니와 以父事之는
太過오 厚以金帛으로 賂之라도 自足以致其兵이니 不必許以土田이니

但恐異日에 大爲中國之患이면 悔之無及이니이다 敬瑭이 不從ᄒᆞ다 表至에 契丹主ㅣ 大喜ᄒᆞ야 許俟仲秋ᄒᆞ야 傾國赴援ᄒᆞ다

初에唐主ㅣ敬瑭으로ᄒᆞ야금鄆州에移鎭ᄒᆞ고ᄌᆞ한ᄃᆡ李崧과呂琦에무리가다力諫ᄒᆞ되써可치안니ᄒᆞ다ᄒᆞ거ᄂᆞᆯ薛文遇ㅣ曰河東은移ᄒᆞ야도ᄯᅩ한反ᄒᆞ고移치안니ᄒᆞ야도ᄯᅩ한反ᄒᆞ야旦暮에在ᄒᆞ니先히事ᄒᆞ야圖ᄒᆞᆷ만ᄀᆞᆺ지못ᄒᆞ니다唐主ㅣ크게喜ᄒᆞ야曰卿에言이殊히吾意를豁ᄒᆞ니成敗를吾ㅣ決ᄒᆞ야行ᄒᆞ리라ᄌᆞᆨ시除目을ᄒᆞ야學士院에付ᄒᆞ야하야금草制ᄒᆞ야敬瑭으로써天平節度使를ᄉᆞᆷ으니制가出ᄒᆞᄆᆡ兩班이相顧ᄒᆞ야失色ᄒᆞ더다敬瑭이疑懼ᄒᆞ야將佐에게謀ᄒᆞ야曰吾ㅣ河東에再來ᄒᆞᄆᆡ主上이終身토록代를除치아니ᄒᆞ기로面許ᄒᆞ더니今에홀연是命이有ᄒᆞ니시더금今年千春節에公主로더브러言ᄒᆞᆫ바와如ᄒᆞ지안이ᄒᆞᆫ가我ㅣ亂을興치안이ᄒᆞ면朝廷이發ᄒᆞ리니엇지能히手을束ᄒᆞ야道路에셔死ᄒᆞ리오都押衙劉知遠이曰明公이오ᄅᆡ兵을將ᄒᆞ야士卒에心을得ᄒᆞ고今에形勝에地에據ᄒᆞ야士馬가精强ᄒᆞ니만일兵을稱ᄒᆞ고檄을傳ᄒᆞ면帝業을可히成ᄒᆞ리니엇지一紙에制書로써ᄉᆞᄉᆞ로虎口에投ᄒᆞ리오掌書記桑維翰이曰契丹主部落이近히雲應에在ᄒᆞ니公이진실노能히心을推ᄒᆞ야節을屈ᄒᆞ야事ᄒᆞ면만일急ᄒᆞ미有ᄒᆞᆯ지라도朝에呼ᄒᆞ면夕에至ᄒᆞ리니엇지成이無ᄒᆞᆷ을患ᄒᆞ리오敬瑭이意를遂決ᄒᆞ야唐主의게表ᄒᆞ되養子는ᄲᅥᆨᄲᅥᆨ이祀를

承치못ᄒᆞᄂᆞ니請컨ᄃᆡ位를傳ᄒᆞ야王을許ᄒᆞ라ᄒᆞ야거ᄂᆞᆯ唐主ㅣ手로그表를裂ᄒᆞ야地에抵ᄒᆞ고制ᄒᆞ야敬瑭에官爵을削奪ᄒᆞ고張敬達로써太原四面排陳使를兼ᄒᆞ야諸將을率ᄒᆞ야討ᄒᆞ다敬瑭이間使를遣ᄒᆞ야契丹에게救를求ᄒᆞᆯ새桑維翰으로ᄒᆞ야금表를草ᄒᆞ야契丹主에게臣을稱ᄒᆞ며ᄯᅩ父禮로써事ᄒᆞᆷ을請ᄒᆞ고約ᄒᆞ되事를捷ᄒᆞᄂᆞᆫ日에盧龍一道와밋鴈門關以北에諸州를割ᄒᆞ야與ᄒᆞ리라ᄒᆞᆫᄃᆡ劉知遠이諫ᄒᆞ야日臣을稱ᄒᆞᆷ은可ᄒᆞ거이와父로써事ᄒᆞ라ᄒᆞᆷ은太過ᄒᆞᆷ이오金帛을厚이ᄒᆞ야써賂ᄒᆞ더라도스ᄉᆞ로足히써其兵을致ᄒᆞ리니반다시土田으로써許치못ᄒᆞᆯ지니다만恐ᄒᆞ건ᄃᆡ異日에크게中國에患이되면誨ᄒᆞᄂᆞ及하지못ᄒᆞ리이다敬瑭이從치안타表가契丹에게至ᄒᆞᆷ애契丹主가크게喜ᄒᆞ야仲秋를俟ᄒᆞ야國을傾ᄒᆞ야赴援ᄒᆞᆷ을許ᄒᆞ다

九月에契丹主ㅣ將五萬騎ᄒᆞ고號을三十萬이라ᄒᆞ야自楊武谷而南ᄒᆞ니旌旗ㅣ不絕五十餘里라至晉陽ᄒᆞ야屯於汾北之虎北口ᄒᆞ야與唐騎將高行周와符彥卿으로合戰ᄒᆞᆯ서敬瑭이乃遣劉知遠ᄒᆞ야出兵助之ᄒᆞ니唐兵이大敗라敬達이遣使告敗於唐ᄒᆞᆫᄃᆡ唐主ㅣ大懼ᄒᆞ야下詔親征ᄒᆞᆯ서諸軍이自鳳翔推戴以來로驕悍ᄒᆞ야不爲用이어ᄂᆞᆯ符彥饒ㅣ恐其爲亂ᄒᆞ야不敢束之以法이러다唐主ㅣ至河陽ᄒᆞ야心憚北行ᄒᆞ야

日夕에酣飮悲歌ᄒᆞ고群臣이或勸其北行則曰卿輩는勿言石郞ᄒᆞ라使我로心膽이墮地ᄒᆞ리라

九月에契丹主ㅣ五萬騎를將ᄒᆞ고號를三十萬이라ᄒᆞ야楊武谷으로븟터南으로ᄒᆞ니旌旗ㅣ五十餘里에絶ᄒᆞ지안니ᄒᆞ는지라晉陽에至ᄒᆞ야汾北에虎北口에屯ᄒᆞ야唐騎將高行周와符彦卿으로더부러合戰ᄒᆞᆯ시敬瑭이이에劉知遠을遣ᄒᆞ야兵을出ᄒᆞ야助ᄒᆞ니唐兵이크게敗ᄒᆞᆫ지라敬達이使을遣ᄒᆞ야敗ᄒᆞᆷ을唐에告ᄒᆞᆫ듸唐主ㅣ크게懼ᄒᆞ야詔을下ᄒᆞ야親征ᄒᆞ다諸軍이鳳翔에推戴ᄒᆞ야써來ᄒᆞᆷ으로브터驕悍ᄒᆞ야用이되지아니ᄒᆞ니符彦饒ㅣ그亂이될가恐ᄒᆞ야敢히法으로써束ᄒᆞ지못ᄒᆞ더라唐主ㅣ河陽에至ᄒᆞ야心에北行을憚ᄒᆞ야다만日夕으로酣飮悲歌ᄒᆞ고群臣이或그北行을勸ᄒᆞᆫ즉曰卿에무리는石郞을言치말나我로하야금心膽이地에墮ᄒᆞᆫ다ᄒᆞ더라

十一月에契丹主ㅣ謂石敬瑭曰吾ㅣ三千里來赴難ᄒᆞ니必有成功이라觀汝氣貌識量ᄒᆞ니眞中原之主也ㅣ라吾欲立汝爲天子ᄒᆞ노라敬瑭이辭讓數四러니將吏ㅣ復勸進ᄒᆞᆫ듸乃許之어늘契丹主ㅣ作册書命敬瑭ᄒᆞ야爲大晉皇帝ᄒᆞ니是日에即皇帝位ᄒᆞ야割幽薊十

六州ᄒᆞ야 以與契丹ᄒᆞ고 仍許歲輸帛三十萬匹ᄒᆞ고 制改長興七年ᄒᆞ야 爲天福元年ᄒᆞ다

十一月에契丹主ㅣ石敬瑭더러謂ᄒᆞ야曰吾ㅣ三千里을來ᄒᆞ야難에赴ᄒᆞ니반다시成功ᄒᆞ미有ᄒᆞᆯ지라汝에氣貌識量을觀ᄒᆞ건ᄃᆡ참中原에主가될디라吾ㅣ汝을立ᄒᆞ야天子을솜고자ᄒᆞ노라敬瑭이數四을辭讓ᄒᆞ더니將吏ㅣ다사進ᄒᆞᆷ을勸ᄒᆞᄃᆡ이에許ᄒᆞ거ᄂᆞᆯ契丹主ㅣ冊書을作ᄒᆞ야敬瑭을命ᄒᆞ야大晉皇帝을솜으니是日에皇帝位에即ᄒᆞ야幽薊十六州을割ᄒᆞ야써契丹을與ᄒᆞ고仍ᄒᆞ야歲로帛三十萬匹을輸ᄒᆞ기를許ᄒᆞ고制ᄒᆞ야長興七年을改ᄒᆞ야天福元年이라ᄒᆞ다

唐主ㅣ 又與宋審虔等四將으로 議復向河陽而將校ㅣ 皆已飛狀으로 迎晉主ᄒᆞ니 唐主ㅣ 遂携傳國寶ᄒᆞ고 登玄武樓ᄒᆞ야 自焚ᄒᆞ다

唐主ㅣ또宋審虔에무라四將으로더부러다시河陽에向ᄒᆞ기을議ᄒᆞᄃᆡ將校ㅣ다임의飛狀으로晉主을迎ᄒᆞ니唐主ㅣ드듸여傳國寶을携ᄒᆞ고玄武樓에登ᄒᆞ야스ᄉᆞ로焚ᄒᆞ다

(丁酉) 晉天福二年○南唐烈祖徐誥昇元々年○是歲吳亡 晉蜀漢閩南唐代吳凡五國吳越湖南荊南凡三鎭 晉이 以李崧으로 爲中書侍郎同平章事ᄒᆞ야 充樞密使ᄒᆞ고 桑維翰으로 兼樞密使ᄒᆞ다 時에 晉이 新得

天下에藩鎭이多未服從ᄒᆞ고或雖服從이나反仄不安ᄒᆞ고兵火之餘
에府庫殫竭ᄒᆞ야民間이困窮而契丹이徵求無厭이어ᄂᆞᆯ維翰이勸晉
推誠棄怨ᄒᆞ야以撫藩鎭ᄒᆞ고卑辭厚禮ᄒᆞ야以奉契丹ᄒᆞ고訓卒繕兵
ᄒᆞ야以修武備ᄒᆞ고務農桑ᄒᆞ야以實倉廩ᄒᆞ고通商賈ᄒᆞ야以豐貨財ᄒᆞ니數年
之間에中國이稍安ᄒᆞ더다

晉이李崧으로써中書侍郞同平章事를삼아樞密使를充ᄒᆞ고桑維翰으로樞密使을
兼ᄒᆞ다時에晉이新히天下을得ᄒᆞᆷ이藩鎭이만히服從치안ᄒᆞ고或비록服從ᄒᆞ나反
仄ᄒᆞ야安치못ᄒᆞ고兵火餘에府庫ㅣ殫竭ᄒᆞ야民間이窮困ᄒᆞ되契丹이徵求ᄒᆞ미厭
ᄒᆞ미無ᄒᆞ거ᄂᆞᆯ維翰이晉을勸ᄒᆞ야誠을推ᄒᆞ고怨을棄ᄒᆞ야써藩鎭을撫ᄒᆞ고辭을卑
ᄒᆞ고禮을厚이ᄒᆞ야써契丹을奉ᄒᆞ고卒을訓ᄒᆞ고兵을繕ᄒᆞ야써武備을修ᄒᆞ고農桑
을務ᄒᆞ야써倉廩을實ᄒᆞ고商賈을通ᄒᆞ야써貨財을豐ᄒᆞ게ᄒᆞ니數年間에中國이稍
安ᄒᆞ더라

三月에晉主ㅣ謀從都大梁ᄒᆞ니桑維翰이因說晉主以大梁이北
控燕趙ᄒᆞ고南通江淮ᄒᆞ야水陸都會에資用이富饒ᄒᆞ니라晉主ㅣ乃下

詔東巡ᄒᆞ다

三月에晉主ㅣ都을大梁에徙ᄒᆞ기을謀ᄒᆞ니桑維翰이因ᄒᆞ야晉主을說ᄒᆞ되써大梁이北으로燕趙을控ᄒᆞ고南으로汴淮을通ᄒᆞ야水陸에都會오資用이富饒라ᄒᆞ니晉主ㅣ이에詔을下ᄒᆞ야東으로巡ᄒᆞ다

夏四月에**晉主**ㅣ**至汴州**ᄒᆞ다

夏四月에晉主ㅣ汴州에至ᄒᆞ다

八月에**吳主**ㅣ**下詔**ᄒᆞ야**禪位于齊**ᄒᆞ다 (後復姓李) **齊王誥**ㅣ**即皇帝位于金陵**ᄒᆞ야 (徐知誥也) **大赦**ᄒᆞ고**改元昇元**ᄒᆞ고**國號**을**唐**이라ᄒᆞ고**尊吳主**ᄒᆞ야**曰讓皇**이라ᄒᆞ다 (至宋朝除國)

八月에吳主ㅣ詔을下ᄒᆞ야位을齊에禪ᄒᆞ다齊王誥이皇帝位을金陵에即ᄒᆞ야크게赦ᄒᆞ고元을改ᄒᆞ야昇元이라ᄒᆞ고國號를唐이라ᄒᆞ고吳主을尊ᄒᆞ야曰讓皇이라ᄒᆞ다

(戊戌) (晉天福三年〇蜀廣政元年〇是歲凡五國三鎭) **閏月**에**閩主**ㅣ**殂**ᄒᆞ니 **其叔父延義**ㅣ**自稱閩國王**ᄒᆞ고**更名曦**ᄒᆞ다

閩月에閩主ㅣ殂ᄒᆞ니그叔父延羲ㅣᄉᆞᄉᆞ로閩國王이라稱ᄒᆞ고名을更ᄒᆞ야曦라ᄒᆞ다

八月에晉이以馮道로守司徒ᄒᆞ야兼侍中ᄒᆞ고詔中書ᄒᆞ야知印은止委上相ᄒᆞ니由是로事無巨細히悉委於道ᄒᆞ더라晉主ㅣ嘗訪以軍謀ᄒᆞᆫ딕對曰征伐大事는在聖心獨斷이오臣은書生이라惟知謹守歷代ᄒᆞ야成規而已라ᄒᆞᆫ딕晉主ㅣ以爲然이러라○契丹이改元會同

八月에晉이馮道로써司徒을守ᄒᆞ야侍中을兼ᄒᆞ고中書에詔ᄒᆞ야知印은上相에止委ᄒᆞ니是로由ᄒᆞ야事ㅣ巨細가無히다道에게委ᄒᆞ더라晉主ㅣ일즉軍謀로써訪ᄒᆞᆫ딕對ᄒᆞ야曰征伐의큰일은聖心에獨斷홈에在ᄒᆞ고臣은書生이라오쟉歷代을謹守홈만知ᄒᆞ야規을成홀ᄯᆞ름이니다晉主ㅣ써그러히여이더라契丹이元을會同이라改ᄒᆞ다

(庚子)晉天福五年○是歲凡五國三鎭 閩主曦ㅣ既立에驕淫苛虐이어늘建州刺史延政이數以書諫之ᄒᆞ니於是에兄弟積相猜恨ᄒᆞ야治兵相攻ᄒᆞ야互有勝負ᄒᆞ니福建之間에暴骨이如莽矣러라

閩主曦ㅣ임의立ᄒᆞ미驕淫ᄒᆞ고苛虐ᄒᆞ거늘建州刺史延政이자조書로써諫ᄒᆞ니이
에兄弟ㅣ서로猜恨을積ᄒᆞ야兵을治ᄒᆞ야서로攻ᄒᆞ야설우勝負가有ᄒᆞ니福建ᄉᆞ이
에暴骨이莽과갓더라

唐倉吏ㅣ歲終에獻羨餘萬石이어늘 唐主ㅣ曰出納이有數ᄒᆞ니苟非
掊民刻軍이면安得羨餘耶아

唐倉吏이歲終에羨餘萬石을獻ᄒᆞ거늘唐主ㅣ曰出納홈이數가有ᄒᆞ니진실노民을
掊ᄒᆞ고軍을刻ᄒᆞ지아니ᄒᆞ면엇지羨餘을得홈가ᄒᆞ야

晉李崧이奏ᄒᆞ되諸州倉糧이於計帳之外에所餘ㅣ頗多ᄒᆞ니 晉主
ㅣ曰法外稅民은罪同枉法이니倉吏는特貸其死ᄒᆞ나各痛懲之ᄒᆞ라

晉李崧이奏ᄒᆞ되諸州에倉糧이計帳ᄒᆞᆫ外에餘ᄒᆞᆫ바이頗多ᄒᆞ다ᄒᆞ니晉主ㅣ曰法外
에稅民은罪가法을枉홈으로同ᄒᆞᆫ지라倉吏는特히그死을貸ᄒᆞ니各기痛懲ᄒᆞ라ᄒᆞ
다

自黃巢ㅣ犯長安以來로天下ㅣ 血戰數十年然後에諸國이各
有分土ᄒᆞ야兵革이稍息이러니 及唐主ㅣ即位에江淮ㅣ比年豐稔ᄒᆞ야

兵食이有餘ᄒᆞ거ᄂᆞᆯ羣臣이爭言ᄒᆞ되陛下ㅣ中興에今北方이多難ᄒᆞ니宜出兵ᄒᆞ야恢復舊疆이니다 唐主ㅣ曰吾ㅣ少長軍旅ᄒᆞ야見兵之爲民害ㅣ深矣라不忍復言ᄒᆞ노니使彼民으로安則吾民이亦安矣니又何求焉이리오

黃巢ㅣ長安을犯ᄒᆞ야써來ᄒᆞᆷ으로부터天下ㅣ血戰ᄒᆞᆫ지數十年然後에諸國이各기土을分ᄒᆞ미有ᄒᆞ야兵革이稍히息ᄒᆞ더니唐主ㅣ位에即ᄒᆞ기에밋처셔江淮ㅣ年을比ᄒᆞ야豐稔ᄒᆞ야兵食이餘가有ᄒᆞ거ᄂᆞᆯ羣臣이爭言ᄒᆞ되陛下ㅣ中興ᄒᆞ미今에北方이難이多ᄒᆞ니맛당이兵을出ᄒᆞ야舊彊을恢復ᄒᆞᆯ지니다唐主ㅣ曰吾ㅣ少로軍旅에長ᄒᆞ야兵이民에게害가되미深ᄒᆞᆷ을見ᄒᆞᆫ지라차마復言ᄒᆞ지못ᄒᆞ노니彼民으로ᄒᆞ야금安ᄒᆞᆫ즉吾民이ᄯᅩᄒᆞᆫ安ᄒᆞ리니ᄯᅩ무어셜求ᄒᆞ리오

晉成德節度使安重榮이恥臣契丹ᄒᆞ야上表數千言ᄒᆞ니大抵斥晉主父事契丹ᄒᆞ고竭中國ᄒᆞ야以媚無厭之虜ㅣ러라桑維翰이密上疏曰陛下ㅣ免於晉陽之難而有天下ᄂᆞᆫ皆契丹之功也니不可負之어ᄂᆞᆯ議者ㅣ以歲致繒帛으로謂之耗蠹라ᄒᆞ고有所卑遜으로謂

之屈辱ᄒᆞ야 殊不知兵連而不休ᄒᆞ고 禍結而不解ᄒᆞ야 財力이 將匱ᄒᆞᄂᆞ니 耗蠹ㅣ 孰甚焉이며 用兵則武吏功臣이 過求姑息ᄒᆞ고 邊藩遠郡이 得以驕矜ᄒᆞ야 下陵上替ᄒᆞᄂᆞ니 屈辱이 孰大焉이니잇고 臣은 願陛下ㅣ 訓農習戰ᄒᆞ고 養兵息民ᄒᆞ야 俟國無內憂ᄒᆞ고 民有餘力然後에 觀釁而動이면 動必有成矣리이다 ○吳越王弘佐ㅣ 即王位ᄒᆞ다

晉成德節度使安重榮이 契丹에게 臣홈을 恥ᄒᆞ야 表ᄒᆞ야 數千言을 上ᄒᆞ니 大抵晉主ㅣ 契丹을 父事홈을 斥ᄒᆞ고 中國을 竭ᄒᆞ야 無厭에 虜을 媚홈이러라 桑維翰이 密히 疏을 上ᄒᆞ야 曰陛下ㅣ 晉陽에 難을 免ᄒᆞ고 天下을 有홈은 다 契丹에 功이니 可히 負치 못홀터이어ᄂᆞᆯ 議者ㅣ 歲로 繒帛을 致홈으로써 耗蠹라 謂ᄒᆞ고 卑遜ᄒᆞᆫ바 有홈으로 屈辱이라 謂ᄒᆞ야 殊히 兵이 連ᄒᆞ야 休치 아니ᄒᆞ고 禍가 結ᄒᆞ야 解치 못ᄒᆞ야 財力이 장ᄎᆞ 匱홈을 知치 못ᄒᆞᄂᆞ니 耗蠹홈이 무어시 더 甚ᄒᆞ며 兵을 用ᄒᆞᆫ則 武吏功臣이 過ᄒᆞ야 姑息을 求ᄒᆞ고 邊藩과 遠郡이 시러금 써 驕矜ᄒᆞ야 써 下를 陵ᄒᆞ고 上을 替ᄒᆞ리니 屈辱이 무어시 더 大ᄒᆞ니잇고 臣은 願ᄒᆞᆫ건ᄃᆡ 陛下ㅣ 農을 訓ᄒᆞ며 戰을 習ᄒᆞ고 兵을 養ᄒᆞ며 民을 息ᄒᆞ야 國에 內憂가 無ᄒᆞ고 民이 餘力이 有홈을 俟ᄒᆞᆫ 然後에 釁을 觀ᄒᆞ야 動ᄒᆞ면 動ᄒᆞ야 반다시 成홈이 有ᄒᆞ리이다 ○吳越王弘佐ㅣ 王位에 即ᄒᆞ다

(壬寅)晉天福七年六月晉主重貴立○漢主玢光天元年○是歲凡五國三鎮 夏四月에 漢高祖ㅣ殂ᄒᆞ니 秦王弘度ㅣ
即皇帝位ᄒᆞ야 更名玢이라ᄒᆞ다
夏四月에漢高祖ㅣ殂ᄒᆞ니秦王弘度ㅣ皇帝位에即ᄒᆞ야名을玢이라更ᄒᆞ다
六月에 晉主ㅣ殂ᄒᆞ니 馮道ㅣ 與景延廣으로 議以國家多難ᄒᆞ니 宜立
長君이라ᄒᆞ고 乃奉廣晉尹齊王重貴帝兄之子ᄒᆞ야 爲嗣ᄒᆞ니 是日에 齊王이 即皇
帝位ᄒᆞ다 延廣이 以爲己功이라ᄒᆞ야 始用事러라
六月에晉主ㅣ殂ᄒᆞ니馮道ㅣ景延廣으로더부러議ᄒᆞ되써國家難이多ᄒᆞ니맛당히
長君을立ᄒᆞ리라ᄒᆞ고이에廣晉尹齊王重貴를奉ᄒᆞ야嗣를삼으니是日에齊王이皇
帝位에即ᄒᆞ다延廣이써ᄒᆞ되己에功이라ᄒᆞ야비로소事를用ᄒᆞ더라
晉主之初即位也에 大臣이 議ᄒᆞ야 奉表稱臣ᄒᆞ고 告哀於契丹ᄒᆞᆯ서 景
延廣이 請ᄒᆞ야 致書에 稱孫而不稱臣이러니 契丹이 大怒ᄒᆞ야 遣使來責
讓이어늘 延廣이 復以不遜語로 答之ᄒᆞ다 契丹盧龍節度使趙延壽
ㅣ延壽本唐人晉初爲契丹所虜 欲代晉帝中國ᄒᆞ야 屢說契丹擊晉ᄒᆞ되 契丹主ㅣ頗然

之ᄒᆞ더라 ○契丹 (太宗會同五年)

晉主ㅣ처음에位에即ᄒᆞ미大臣이議ᄒᆞ야表를奉ᄒᆞ야臣을稱ᄒᆞ고哀를契丹에게告ᄒᆞᆯ시景延廣이請ᄒᆞ야書를致ᄒᆞ미孫을稱ᄒᆞ고臣을稱ᄒᆞ지안이ᄒᆞ얏더니契丹이크게怒ᄒᆞ야使를遣ᄒᆞ야와셔責讓ᄒᆞ거ᄂᆞᆯ延廣이다시不遜ᄒᆞᆫ語로써答ᄒᆞ니契丹盧龍節度使趙延壽ㅣ晉을代ᄒᆞ야中國에帝ᄒᆞ고자ᄒᆞ야屢히契丹을說ᄒᆞ야晉을擊ᄒᆞ자ᄒᆞᆫᄃᆡ契丹主ㅣ頗히然히여기더라

齊王 (名重貴高祖兄敬儒之子史曰出帝) 在位四年

(癸卯) (晉天福八年凡五國三鎭) 春에唐主ㅣ餌方士靈丹ᄒᆞ고浸成躁急ᄒᆞ야二月에唐主ㅣ疽發背어ᄂᆞᆯ召齊王璟ᄒᆞ야入侍疾ᄒᆞᆯ서 唐主謂璟曰吾ㅣ餌金石ᄒᆞ야始欲益壽ㅣ라가乃更傷生ᄒᆞ니汝ㅣ宜戒之ᄒᆞ라 是夕에殂ᄒᆞ니元宗이即位ᄒᆞ다

春에唐主ㅣ方士에靈丹을餌ᄒᆞ고躁急ᄒᆞᆷ을浸成ᄒᆞ야二月에唐主ㅣ疽가背에發ᄒᆞ거ᄂᆞᆯ齊王璟을召ᄒᆞ야疾을入侍ᄒᆞᆯ시唐主ㅣ璟더러謂ᄒᆞ야曰吾ㅣ金石을餌ᄒᆞ야始히壽를益ᄒᆞ고자ᄒᆞ다가이에更히生을傷ᄒᆞ니汝ㅣ맛당히戒ᄒᆞ라是夕에殂ᄒᆞ니元

宗이位에即ᄒᆞ다

閩王延政이稱帝於建州ᄒᆞ고國號을大殷이라ᄒᆞ다

閩王延政이帝를建州에稱ᄒᆞ고國號를大殷이라ᄒᆞ다

漢晉王弘熙ㅣ即皇帝位ᄒᆞ야更名晟ᄒᆞ다

漢晉王弘熙ㅣ皇帝位에即ᄒᆞ야名을晟이라更ᄒᆞ다

晉桑維翰이屢請遜辭로以謝契丹호ᄃᆡ每爲延廣의所沮ᄒᆞ니라 晉主以延廣이有定策功故로寵冠羣臣ᄒᆞ고又總宿衛兵故로大臣이莫能與之爭이어ᄂᆞᆯ河東節度使劉知遠이知延廣이必致寇而畏其方用事ᄒᆞ야不敢言ᄒᆞ고但益募兵ᄒᆞ야以備契丹ᄒᆞ더니契丹主ㅣ乃集山後及盧龍兵五萬人ᄒᆞ야使趙延壽로將之ᄒᆞ야委延壽經畧中國ᄒᆞ야曰若得之면當立汝爲帝라ᄒᆞ니由是로爲契丹盡力ᄒᆞ야畫取中國之策이러라 ◯契丹 會同六年

晉桑維翰이屢히遜辭로써契丹에謝ᄒᆞ기를請호ᄃᆡ미양延廣의沮ᄒᆞᆫ바되더라晉主

ㅣ延廣으로써定策에功이有ᄒᆞᆫ故로寵이群臣에冠ᄒᆞ고또宿衛의兵을總ᄒᆞᆫ故로大臣이能히더부러爭치못ᄒᆞ거ᄂᆞᆯ河東節度使劉知遠이延廣이반다시寇을致ᄒᆞᆷ을知ᄒᆞᄂᆞ그方히用事ᄒᆞᆷ을畏ᄒᆞ야敢히言치못ᄒᆞ고但히兵을더욱募ᄒᆞ야써契丹을備ᄒᆞ더니契丹主ㅣ이에山後와밋盧龍에兵五萬人을集ᄒᆞ야趙延壽로ᄒᆞ야금將ᄒᆞ야延壽의게中國經畧ᄒᆞ기를委ᄒᆞ야日만일得ᄒᆞ면맛당히汝을立ᄒᆞ야帝을삼으리라ᄒᆞ니是로由ᄒᆞ야契丹을爲ᄒᆞ야力을盡ᄒᆞ야中國을取ᄒᆞᆯ策을畫ᄒᆞ더라

(甲辰)晉開運元年○是歲凡六國三鎭 **正月**에**契丹**이**陷貝州**ᄒᆞ다**時**에**用兵方略**을**號令**이**皆出延廣**ᄒᆞ고**宰相以下**ᄂᆞᆫ**皆無所預**ᄒᆞ니**延廣**이**乘勢使氣**ᄒᆞ야**陵侮諸將**ᄒᆞ니**雖天子**라도**亦不能制**러라

正月에契丹이貝州을陷ᄒᆞ다時에兵을用ᄒᆞᆷ과方略을號令이다延廣에게서出ᄒᆞ고宰相써下ᄂᆞᆫ다預ᄒᆞᄂᆞᆫ바이無ᄒᆞ니延廣이勢을乘ᄒᆞ야氣을使ᄒᆞ야諸將을陵侮ᄒᆞ니비록天子라도또ᄒᆞᆫ能히制치못ᄒᆞ더라

閩拱宸都指揮使朱文進이**弑閩王曦**ᄒᆞ다

閩拱宸都指揮使朱文進이閩王曦을弑ᄒᆞ다

或이**謂晉主曰陛下**ㅣ**欲禦北狄安天下**ㅣ딘**非桑維翰**이면 **不可**이다

乃復置樞密院ᄒᆞ고 以維翰으로 爲中書令ᄒᆞ야 兼樞密使ᄒᆞ고 事無大小히 悉以委之ᄒᆞ니 數月之間에 朝廷이 差治러라

或이 晉主더러 謂ᄒᆞ야 曰陛下ㅣ 北狄을 禦ᄒᆞ고 天下ᄅᆞᆯ 安ᄒᆞ고ᄌᆞ ᄒᆞᆯ진ᄃᆡ 桑維翰이가 안니면 可치 안니ᄒᆞᆫ이다 이에 다시 樞密院을 置ᄒᆞ고 維翰으로 써 中書令을 삼아셔 樞密使ᄅᆞᆯ 兼ᄒᆞ고 事에 大小가 읍시 悉히 써 委ᄒᆞ니 數月間에 朝廷이 差治ᄒᆞ더라

契丹之入寇也에 晉主ㅣ 再命劉知遠ᄒᆞ야 會兵山東ᄒᆞᆯ서 皆後期不至ᄒᆞ니 晉主ㅣ 疑其有異圖어ᄂᆞᆯ 郭威ㅣ 見知遠이 有憂色ᄒᆞ고 謂知遠曰河東은 山河ㅣ 險固ᄒᆞ고 風俗이 尙武ᄒᆞ고 士多戰馬ᄒᆞ고 靜則勤稼穡ᄒᆞ고 動則習軍旅ᄒᆞ니 此ᄂᆞᆫ 霸王之資라 何憂乎ㅣ리오 ◯契丹會同七年

契丹이 入ᄒᆞ야 寇ᄒᆞ믜 晉主ㅣ 再히 劉知遠을 命ᄒᆞ야 兵을 山東에 會ᄒᆞᆯ시 다 後期ᄒᆞ고 至치 안이ᄒᆞ니 晉主ㅣ 그 異圖가 有ᄒᆞᆷ을 疑ᄒᆞ거ᄂᆞᆯ 郭威ㅣ 知遠의 憂色이 有ᄒᆞᆷ을 見ᄒᆞ고 知遠더러 謂ᄒᆞ야 曰河東ᄂᆞᆫ 山河ㅣ 險固ᄒᆞ고 風俗이 尙武ᄒᆞ고 士에 戰馬ㅣ 多ᄒᆞ고 靜ᄒᆞᆫ즉 稼穡을 勤ᄒᆞ고 動ᄒᆞᆫ즉 軍旅을 習ᄒᆞ니 此ᄂᆞᆫ 霸王에 資이라 무어슬 憂ᄒᆞ리오

(乙巳)晉開運二年○是歲凡五國三鎭殷改稱閩而亡 契丹이復大擧入寇라가大敗北歸ᄒᆞ다

契丹이다시크게擧ᄒᆞ야入ᄒᆞ야寇ᄒᆞ다가크게敗ᄒᆞ야北으로歸ᄒᆞ다

契丹이連歲入寇ᄒᆞ니中國이疲於奔命ᄒᆞ고邊民이塗地어늘桑維翰이屢勸晉主ᄒᆞ야復請和於契丹ᄒᆞ야以紓國患ᄒᆞ다

契丹이歲을連ᄒᆞ야入ᄒᆞ야寇ᄒᆞ니中國이奔命에疲ᄒᆞ고邊民이地에塗ᄒᆞᆫ지라桑維翰이晉主을屢勸ᄒᆞ야다시契丹에게和을請ᄒᆞ야써國에患을紓ᄒᆞ다

○契丹 會同八年

晉主ㅣ自陽城之捷으로謂天下ㅣ無虞ㅣ라ᄒᆞ야驕侈益甚ᄒᆞ고馮玉이乘勢弄權ᄒᆞ야四方賂遺ㅣ輻輳其門ᄒᆞ니由是로朝政이益壞ᄒᆞ더라

晉主ㅣ陽城에捷로붓허天下ㅣ虞無가ᄒᆞ다ᄒᆞ야驕侈益甚ᄒᆞ고馮玉이勢를乘ᄒᆞ야權을弄ᄒᆞ야四方의賂遺가그門에輻輳ᄒᆞ니是로由ᄒᆞ야朝政이益壞ᄒᆞ더라

(丙午)晉開運三年○是歲凡四國三鎭 十一月에契丹主ㅣ大擧入寇어늘晉主ㅣ以杜威로爲上將ᄒᆞ니威ㅣ與李守貞宋彥筠으로謀降契丹이어늘契丹主

ㅣ紿之ᄒᆞ야曰趙延壽ㅣ威望이素淺ᄒᆞ야 恐不能帝中國이라汝ㅣ果降者ㅣ면當以汝로爲之ᄒᆞ리라 威ㅣ喜ᄒᆞ야遂降ᄒᆞ고 命軍士釋甲ᄒᆞ니軍士ㅣ皆慟哭ᄒᆞ야聲振原野ᄒᆞ되張彥澤이倍道疾驅ᄒᆞ야 夜度白馬津ᄒᆞ야未明에自封丘門으로斬關而入ᄒᆞ야遷晉主於開封府ᄒᆞ다 ○契丹 會同九年

十一月에契丹主ㅣ크게擧ᄒᆞ야入寇ᄒᆞ거ᄂᆞᆯ晉主ㅣ杜威로써上將을삼으니威ㅣ李守貞과宋彥筠으로더부러契丹으게降ᄒᆞ기ᄅᆞᆯ謀ᄒᆞ거ᄂᆞᆯ契丹主ㅣ紿ᄒᆞ야曰趙延壽ㅣ威望이素히淺ᄒᆞ니能히中國에帝치못하가恐ᄒᆞᄂᆞᆫ지라汝ㅣ果히降ᄒᆞᆫ者면맛당히汝로써삼으리라威ㅣ喜ᄒᆞ야드듸여降ᄒᆞ고軍士ᄅᆞᆯ命ᄒᆞ야甲을釋ᄒᆞ니軍士ㅣ다慟哭ᄒᆞ야聲이原野이振ᄒᆞ되張彥澤이道ᄅᆞᆯ倍ᄒᆞ고疾히驅ᄒᆞ야夜에白馬津을度ᄒᆞ야未明에封丘門으로붓터關을斬ᄒᆞ고入ᄒᆞ야晉主ᄅᆞᆯ開封府에遷ᄒᆞ다

右後晉二主共十一年

詳密註釋通鑑諺解卷之十五

註釋詳密 通鑑諺解卷之十五

後漢紀

高祖

名暠姓劉氏本名知遠其先沙陀人晉開運二年封北平王四年晉主北遷高祖乃圖義擧即位於晉陽 在位一年 壽五十四

(丁未)高祖劉知遠仍稱晉天福十三年○是歲晉亡漢興並蜀南漢南唐凡四國吳越閩南荊南凡三鎭 春正月朔에 契丹主ㅣ至大梁ᄒᆞ야 以晉主로 爲負義侯ᄒᆞ야 置於黃龍府ᄒᆞ다 釋義黃龍府在臨潢府東南二百餘里按契丹國志東渡遼水至勃海國鐵州又行七八日過南海府初契丹主阿保機見黃龍在其氈屋上連發二矢殪之後太子德光於其地置黃龍府也 ○契丹主ㅣ縱胡騎四出ᄒᆞ야 以牧馬로 爲名ᄒᆞ고 分番剽掠ᄒᆞ서 剽匹妙反釋義剽劫奪 謂之打草穀이라 丁壯은 斃於鋒刃ᄒᆞ고 老弱은 委於溝壑ᄒᆞ야 自東西兩畿로 及鄭滑曹濮히 數百里間의 財畜이 殆盡ᄒᆞ니 於是에 內外怨憤ᄒᆞ고 始患苦契丹ᄒᆞ야 皆思逐之矣러라

春正月朔에 契丹主ㅣ大梁에 至ᄒᆞ야 晉主로써 負義侯을 삼어셔 黃龍府에 置ᄒᆞ다○契丹主ㅣ胡騎을 縱ᄒᆞ여 四出ᄒᆞ야 馬을 牧ᄒᆞᆷ으로써 名을 ᄒᆞ고 番을 分ᄒᆞ야 剽掠ᄒᆞ니 草穀을 打ᄒᆞᆫ다 謂ᄒᆞ더라 丁壯은 鋒刃에 斃ᄒᆞ고 老弱은 溝壑에 委ᄒᆞ야 東西兩畿로 브터 鄭滑과 曹濮에 及ᄒᆞᆷ에 數百里ᄉᆞ이가 財畜이 殆히 盡ᄒᆞᆫ지라 이에 內外怨憤ᄒᆞ야 비로소 契丹을 患苦ᄒᆞ야 다 逐ᄒᆞ기을 思ᄒᆞ더라

晉劉知遠이在河東ᄒᆞ야富彊이冠於諸鎭ᄒᆞ야步騎ㅣ至五萬人이나
晉主ㅣ與契丹으로結怨ᄒᆞ니知遠이知其必危而未嘗論諫ᄒᆞ고契丹
이屢深入ᄒᆞ되知遠이初無邀遮入援之志러니及聞契丹이入汴ᄒᆞ고
知遠이分兵守四境ᄒᆞ야以防侵軼이어놀同結反於是에將佐ㅣ勸知遠
稱尊號ᄒᆞ야以號令四方ᄒᆞ되知遠이不許어놀軍士ㅣ皆曰今契丹이
陷京城執天子ᄒᆞ야天下ㅣ無主ᄒᆞ니主天下者ㅣ非我王而誰오宜
先正位號然後에出師ᄒᆞ쇼서

晉劉知遠이河東에在ᄒᆞ야富彊이諸鎭에冠ᄒᆞ야步騎가五萬人에至ᄒᆞ나晉主ㅣ契
丹으로더부러怨을結ᄒᆞ니知遠이반다시그危홈을知ᄒᆞ고일쟉論諫치안니ᄒᆞ고契
丹이여러번深入ᄒᆞ되知遠이邀遮ᄒᆞ야入援홀뜻이初無ᄒᆞ더니밋契丹이汴에入홈
을聞ᄒᆞ고知遠이兵을分ᄒᆞ야四境을守ᄒᆞ야써侵軼을防ᄒᆞ거놀이에將佐ㅣ知遠을
勸ᄒᆞ야尊號을稱ᄒᆞ야써四方을號令ᄒᆞ라ᄒᆞᆫ듸知遠이許치안니ᄒᆞ거놀軍士ㅣ다갈
오듸今에契丹이京城을陷ᄒᆞ고天子을執ᄒᆞ야天下에主가無ᄒᆞ니天下에主홀者ㅣ

我王이아니면誰ㅣ리오맛당히位號을先正ᄒᆞᆫ然後에師을出ᄒᆞ소서

二月辛未에晉知遠이即皇帝位ᄒᆞ야自言未忍改晉國ᄒᆞ고又惡開運之名ᄒᆞ야乃更稱天福十二年ᄒᆞ다

二月辛未에晉知遠이皇帝位에即ᄒᆞ야스ᄉᆞ로言호ᄃᆡ참아晉國을改치못ᄒᆞᆫ다ᄒᆞ고ᄯᅩ開運에名을惡ᄒᆞ야이에다시天福十二年을稱ᄒᆞ다

東方에羣盜ㅣ大起어늘契丹主ㅣ謂左右曰我ㅣ不知中國之人이難制如此로다復召晉百官諭之曰天時向暑ᄒᆞ니吾難久留ㅣ라ᄒᆞ고以蕭翰으로爲節度使ᄒᆞ고契丹이建國號遼ㅣ라ᄒᆞ다遼主ㅣ發大梁ᄒᆞ니晉文武諸司從者ㅣ數千人이라盡載府庫之實以行ᄒᆞ다

東方에群盜ㅣ大起ᄒᆞ거늘契丹主ㅣ左右더러謂ᄒᆞ야曰我ㅣ中國에人이制ᄒᆞ기難ᄒᆞ미이갓틈을知치못ᄒᆞ얏도다晉百官을召ᄒᆞ야諭ᄒᆞ야曰天時ㅣ暑을向ᄒᆞ니吾ㅣ久留ᄒᆞᆷ이難ᄒᆞ다ᄒᆞ고蕭翰으로ᄡᅥ節度使을삼고契丹이國號을建ᄒᆞ야遼라ᄒᆞ다遼主ㅣ大梁에發ᄒᆞ니晉文武諸司에從ᄒᆞᄂᆞᆫ者ㅣ數千人이라府庫의實을載ᄒᆞ야ᄡᅥ行ᄒᆞ다

遼主ㅣ至殺胡林而卒ᄒᆞ니 釋義 胡本作狐按契丹志殺狐林者村民於林中射殺一狐因名焉今名死狐嶺在眞定府欒城縣北 國人이剖其腹ᄒᆞ고實鹽數斗ᄒᆞ야載之北去ᄒᆞ니晉人이謂之帝羓라ᄒᆞ다

遼主ㅣ殺胡林에至ᄒᆞ야卒ᄒᆞ니國人이그腹을剖ᄒᆞ고鹽數斗을實ᄒᆞ야載ᄒᆞ야北으로去ᄒᆞ니晉人이帝羓라謂ᄒᆞ다

楚王希範이卒ᄒᆞ니將佐ㅣ奉其弟希廣立之ᄒᆞ다

楚王希範이卒ᄒᆞ니將佐ㅣ그弟希廣을奉ᄒᆞ야立ᄒᆞ다

晉主ㅣ發太原ᄒᆞ야自陰地關으로出晉絳ᄒᆞ니史弘肇ㅣ奏克澤州ᄒᆞ다弘肇에爲人이沉毅寡言ᄒᆞ고御衆嚴整ᄒᆞ야所向必克ᄒᆞ니晉主ㅣ自晉陽으로安行ᄒᆞ야入洛及汴에兵不血刃은皆弘肇之力也ㅣ라晉主ㅣ由是로倚愛之ᄒᆞ더라

晉主ㅣ太原에發ᄒᆞ야陰地關으로붓터晉絳에出ᄒᆞ니史弘肇澤州克홈을奏ᄒᆞ다弘肇에人되미沉毅ᄒᆞ고寡言ᄒᆞ고衆을御ᄒᆞ미嚴整ᄒᆞ야向ᄒᆞ는바에必克ᄒᆞ니晉主ㅣ晉陽으로붓터安行ᄒᆞ야洛에入ᄒᆞ야汴에及홈에兵이血刃치안니홈은다弘肇에力이라晉主ㅣ是로由ᄒᆞ야倚愛ᄒᆞ더라

蕭翰이聞晉主ㅣ擁兵而南ᄒᆞ고欲北歸ᄒᆞ더니恐中國이無主ᄒᆞ야必大亂이러니時에唐明宗子許王從益이與王淑妃로在洛陽이어늘翰이迎而立之ᄒᆞ야以爲帝ᄒᆞ다

蕭翰이晉主ㅣ兵을擁ᄒᆞ고南으로홈을聞ᄒᆞ고北으로歸ᄒᆞ고ᄌᆞᄒᆞ되中國이主가無ᄒᆞ야반다시大亂홀가恐ᄒᆞ더니時에唐明宗에子許王從益이王淑妃로더부러洛陽에在ᄒᆞ거늘翰이迎立ᄒᆞ야써帝을삼다

六月에吳越忠獻王弘佐ㅣ卒ᄒᆞᆫ셔遺令ᄒᆞ야以丞相弘倧으로爲鎭海鎭東節度使ᄒᆞ다 是歲爲內牙統軍使胡進思所廢更立其弟弘俶

六月에吳越忠獻王弘佐ㅣ卒ᄒᆞᆷ셔令을遺ᄒᆞ야丞相弘倧으로써鎭海鎭東節度使을삼다

晉主ㅣ至洛陽ᄒᆞ야命鄭州防禦使郭從義ᄒᆞ야先入大梁淸宮ᄒᆞ고密令殺李從益及王淑妃ᄒᆞ다

晉主ㅣ洛陽에至ᄒᆞ야鄭州防禦使郭從義을命ᄒᆞ야몬저大梁에入ᄒᆞ야宮을淸ᄒᆞ고密令ᄒᆞ야李從益과밋王淑妃을殺ᄒᆞ다

晉主ㅣ至大梁ᄒᆞ야復以汴州로爲東京ᄒᆞ고改國號曰漢이라ᄒᆞ고仍稱

天福年曰余ㅣ未忍忘晉也ㅣ도라 ○遼(大同元年九月世宗兀欲更名阮天祿元年)

晉主ㅣ大梁에至ᄒᆞ야다시汴州로써東京을삼고國號을改ᄒᆞ야曰漢이라ᄒᆞ야仍히

天福年稱ᄒᆞ야曰余차마晉을忘치못ᄒᆞ로라

(戊申)(漢改乾祐元年二月隱帝承祐立○是歲凡四國三鎭) 春正月에晉主ㅣ不豫ᄒᆞ어늘召蘇逢吉楊邠

史弘肇郭威ᄒᆞ야入受顧命ᄒᆞ서曰承祐ㅣ幼弱ᄒᆞ니後事을託在卿輩

ᄒᆞ노라ᄒᆞ다 二月에立皇子承祐爲周王ᄒᆞ야即皇帝位ᄒᆞ다

春正月에晉主ㅣ不預ᄒᆞ거늘蘇逢吉과楊邠과史弘肇와郭威을召入ᄒᆞ야顧命을受

ᄒᆞᆯ시曰承祐ㅣ幼弱ᄒᆞ니後事을卿輩의게託在ᄒᆞ노라二月에皇子承祐을세워周王

을삼아서皇帝位에即ᄒᆞ다

冬十月에荊南節度使南平文獻王高從誨ㅣ卒ᄒᆞ니其子保融

이知留後ᄒᆞ다

遼(大祿二年遼主阮太祖太子人皇王倍子是爲孝和莊憲皇帝)

冬十月에判南節度使南平文獻王高從誨ㅣ卒ᄒᆞ니그子保融이留後을知ᄒᆞ다

隱皇帝 (名承祐高祖第二子) 在位三年　壽二十

(庚戌) (漢乾祐三年○是歲四國三鎭漢亡) 夏四月에漢朝ㅣ以契丹이近入寇橫行ᄒᆞᄃᆡ河北諸藩鎭이各自守ᄒᆞ고無扞禦之者어ᄂᆞᆯ制ᄒᆞ야以郭威로爲鄴都留守天雄節度使ᄒᆞ야樞密使ᄂᆞᆫ如故ᄒᆞ고以左監門衛將軍郭榮으로爲天雄衙內都指揮使ᄒᆞ다榮에本姓은柴ㅣ니父守禮ᄂᆞᆫ郭威之妻兄也ㅣ라威ㅣ未有子時에養以爲子ᄒᆞ니라 (威微時刺其頂上爲雀兒人皆稱爲郭雀兒後爲周高祖榮爲世宗)

夏四月에漢朝ㅣ契丹이써近히入寇ᄒᆞ야橫行호ᄃᆡ河北에여러藩鎭이各히自守ᄒᆞ고扞禦ᄒᆞᄂᆞᆫ者ㅣ無ᄒᆞ거ᄂᆞᆯ制ᄒᆞ야郭威로써鄴都留守天雄節度使을삼아서樞密使ᄂᆞᆫ如故ᄒᆞ고左監門衛將軍郭榮으로써天雄衙內都指揮使를삼다榮에本姓은柴ㅣ니父守禮ᄂᆞᆫ郭威妻에兄이라威ㅣ子가有치안니ᄒᆞᆯ時에養ᄒᆞ야써子을삼다

漢主ㅣ自即位以來로楊邠은總機政ᄒᆞ고郭威ᄂᆞᆫ主征伐ᄒᆞ고史弘肇ᄂᆞᆫ典宿衛ᄒᆞ고王章은掌財賦ᄒᆞ니由是로國家粗安이러니章이聚斂이

刻急ᄒᆞ야有犯塩礬酒麴之禁者ㅣ면鎦銖涓滴ᄒᆞ야罪皆死ᄒᆞ고章이尤
不喜文臣ᄒᆞ야嘗曰此輩ᄂᆞᆫ授之握筭이라도不知縱橫이니何益於用
이리오史弘肇ㅣ曰安定國家ᄂᆞᆫ在長創大劒이니安用毛錐리오章이曰
無毛錐則財賦ᄅᆞᆯ何從可出ᄒᆞ고於是에將相이始有隙이러라

漢主ㅣ位에即ᄒᆞᆷ으로브터써來ᄒᆞᆷ으로楊邠은機政을総ᄒᆞ고郭威ᄂᆞᆫ征伐을主ᄒᆞ고
史弘肇ᄂᆞᆫ宿衛ᄅᆞᆯ典ᄒᆞ고王章은財賦ᄅᆞᆯ掌ᄒᆞ니是로써國家ㅣ粗히安ᄒᆞ더라章이聚
斂이刻急ᄒᆞ야塩礬과酒麴에禁을犯ᄒᆞᄂᆞᆫ者ㅣ有ᄒᆞ면鎦銖涓滴ᄒᆞ야다罪ᄒᆞ야死ᄒᆞ
고章이더욱文臣을喜치안니ᄒᆞ야일즉이曰此輩ᄂᆞᆫ握筭을授ᄒᆞᆯ지라도縱橫을知치
못ᄒᆞᆯ지니읏지用ᄒᆞᆷ에益ᄒᆞ리오史弘肇ㅣ曰國家安定ᄒᆞ기ᄂᆞᆫ長創과大劒에在ᄒᆞ니
毛錐ᄅᆞᆯ어ᄃᆡ用ᄒᆞ리오章이曰毛錐ㅣ無ᄒᆞᆫ則財賦ᄅᆞᆯ어ᄃᆡ로從ᄒᆞ야可히出ᄒᆞ리오ᄒᆞ
니이에將相이비로소隙이有ᄒᆞ더라

漢主ㅣ年益壯에厭為大臣所制ᄒᆞ야積不能平이어ᄂᆞᆯ左右ㅣ因乘
間ᄒᆞ야譖之於漢主云ᄒᆞ되邠等이專恣ᄒᆞ니終當為亂이라ᄒᆞᆫᄃᆡ漢主ㅣ信之
ᄒᆞ야遂謀誅邠等이러니十一月丙子에邠等이入朝ᄒᆞᆯ세有甲士數十

이自廣政殿으로出ᄒᆞ야殺邠弘肇章於東廡下ᄒᆞ고漢主遣供奉官孟業ᄒᆞ야齎密詔詣澶州及鄴都ᄒᆞ야殺王殷郭威王峻ᄒᆞ니郭威ㅣ召郭崇威曹威及諸將ᄒᆞ야告以楊邠等寃死及有密詔之狀ᄒᆞ고且曰吾ㅣ與諸公으로披荊棘ᄒᆞ고從先帝取天下ᄒᆞ야受託孤之任ᄒᆞ야竭力以衛國家러니今諸公이已死ᄒᆞ니吾ㅣ何心獨生이리오郭崇威等이皆泣曰天子ㅣ幼冲ᄒᆞ야此ㅣ必左右羣小의所爲니願從公入朝自訴ᄒᆞ야盪滌鼠輩ᄒᆞ야以清朝廷이언뎡不可爲單使의所殺이니다郭威ㅣ乃留其養子榮ᄒᆞ야鎭鄴都ᄒᆞ고命郭崇威ᄒᆞ야將騎兵前驅ᄒᆞ고自將大軍繼之ᄒᆞ야至封丘ᄒᆞ니人情이恟懼ᄒᆞ더라

漢主ㅣ年하益壯ᄒᆞᄆᆡ大臣의制ᄒᆞᄂᆞᆫ바됨을厭ᄒᆞ야能히平치안니홈을積ᄒᆞ거ᄂᆞᆯ左右ㅣ間을乘ᄒᆞ야因ᄒᆞ야漢主에게譖ᄒᆞ야云호ᄃᆡ邠에무리가專恣ᄒᆞ니終히맛당히亂이되리라ᄒᆞᆫᄃᆡ漢主ㅣ信ᄒᆞ야드듸여邠等誅ᄒᆞ기을謀ᄒᆞ더니十一月丙子에邠에무리가朝에入ᄒᆞᆯᄉᆡ甲士數十이有ᄒᆞ야廣政殿으로부터出ᄒᆞ야邠과弘章을東廡下

에殺ᄒᆞ고漢主ㅣ供奉官孟業을遣ᄒᆞ야密詔를齎ᄒᆞ고澶州와밋鄴都에詣ᄒᆞ야王殷과郭威와王峻을殺ᄒᆞ니郭威ㅣ郭崇威와曹威와밋모든將을召ᄒᆞ야써楊邠에무리의寃死홈과밋密詔에狀이有홈을告ᄒᆞ고ᄯᅩ日吾ㅣ諸公으로더부러荊棘을披ᄒᆞ고先帝를從ᄒᆞ야天下를取ᄒᆞ야託孤에任을受ᄒᆞ야力을竭ᄒᆞ야써國家를衛ᄒᆞ더니이제諸公이임의死ᄒᆞ니吾ㅣ무ᄉᆞᆷ心으로獨生ᄒᆞ리오郭崇威에무리가다泣ᄒᆞ야日天子ㅣ幼沖ᄒᆞ야이반다시左右羣小의ᄒᆞᆫ바ㅣ니願컨ᄃᆡ公을從ᄒᆞ야朝에入ᄒᆞ야ᄉᆞᄉᆞ로訴ᄒᆞ야鼠輩를盪滌ᄒᆞ야써朝廷을淸홀지언졍可히單使의게殺ᄒᆞᆫ바되지안ᄒᆞ리니다郭威ㅣ이에그養子榮을留ᄒᆞ야鄴都를鎭ᄒᆞ고郭崇威를命ᄒᆞ야騎兵을將ᄒᆞ야前驅ᄒᆞ고ᄉᆞᄉᆞ로大軍을將ᄒᆞ야繼ᄒᆞ야封丘에至ᄒᆞ니人情이恟懼ᄒᆞ더라

漢主ㅣ遣慕容彦超等ᄒᆞ야將兵拒之러니彦超等이戰敗遂還이어늘是日에漢主ㅣ出勞軍이라가兵敗ᄒᆞ야爲亂兵所弑ᄒᆞ니郭威ㅣ自迎春門으로入ᄒᆞ야丁亥에帥百官ᄒᆞ고起居太后ᄒᆞ고具奏稱ᄒᆞᄃᆡ軍國事殷ᄒᆞ니請早立嗣君이니다太后ㅣ誥迎漢主弟河東節度使贇ᄒᆞ야卽皇帝位ᄒᆞ다

漢主ㅣ慕容彦超에무리를遣ᄒᆞ야兵을將ᄒᆞ야拒ᄒᆞ더니彦超에무리가戰敗ᄒᆞ고ᄃᆞ

되여還ᄒᆞ거늘是日에漢主ㅣ出ᄒᆞ야軍을勞ᄒᆞ다가兵이敗ᄒᆞ야亂兵에弑ᄒᆞᆫ비되니
郭威ㅣ迎春門으로自ᄒᆞ야入ᄒᆞ야丁亥에百官을帥ᄒᆞ고太后ᄭᅴ起居ᄒᆞ고具奏ᄒᆞ야
稱ᄒᆞᄃᆡ軍國에事가殷ᄒᆞ니請컨ᄃᆡ早히嗣君을立ᄒᆞᆯ지니다太后ㅣ誥ᄒᆞ야漢主의弟
河東節度使贇을迎ᄒᆞ야皇帝位에即ᄒᆞ다

武平節度使馬希蕚이攻楚王希廣殺之ᄒᆞ고自稱武安靜江寧遠等軍節度使ᄒᆞ다

武平節度使馬希蕚이楚王希廣을攻ᄒᆞ야殺ᄒᆞ고스ᄉᆞ로武安靜江寧遠等軍節度使
라稱ᄒᆞ다

遼主ㅣ入寇어늘漢太后ㅣ命郭威ᄒᆞ야將大軍擊之ᄒᆞᆯ서十二月에威ㅣ發大梁ᄒᆞ야館于澶州ᄒᆞ고癸丑早에將發ᄒᆞᆯ서將士數千人이忽大譟어늘威ㅣ命閉門ᄒᆞ니將士ㅣ踰垣登屋而入曰天子는須侍中이自爲之오將士ㅣ已與劉氏로爲仇ᄒᆞ니不可立也라ᄒᆞ고或裂黃旗ᄒᆞ야以被威體ᄒᆞ고共扶抱之ᄒᆞ야呼萬世震地ᄒᆞ고因擁威南行이어늘威ㅣ乃上太后牋ᄒᆞᄃᆡ請奉漢宗廟事ᄒᆞ고太后로爲母라ᄒᆞ니己未에太后ㅣ誥

廢贇ᄒᆞ야爲湘陰公ᄒᆞ고以侍中威로監國ᄒᆞ니百官藩鎭이相繼上表勸進ᄒᆞ다

遼主ㅣ入ᄒᆞ야寇ᄒᆞ거늘漢太后ㅣ郭威을命ᄒᆞ야大軍을將ᄒᆞ야擊ᄒᆞᆯ새十二月에威ㅣ大梁에發ᄒᆞ야澶州에館ᄒᆞ고癸丑早에장찻發ᄒᆞᆯ새將士數千人이훌연크게譟ᄒᆞ거늘威ㅣ命ᄒᆞ야門을閉ᄒᆞ니將士ㅣ垣을踰ᄒᆞ고屋을登ᄒᆞ야入ᄒᆞ야曰天子는모롬직이侍中이스ᄉᆞ로爲ᄒᆞᆯ디이오將士임의劉氏로仇가되얏시니可히立ᄒᆞ지못ᄒᆞᆯ지라ᄒᆞ고或黃旗을裂ᄒᆞ야써威에體에被ᄒᆞ고ᄒᆞᆫ가지扶抱ᄒᆞ야萬歲을地가震ᄒᆞ게呼ᄒᆞ고인ᄒᆞ야威을擁ᄒᆞ야南으로行ᄒᆞ거늘威ㅣ이에太后에계牋을上ᄒᆞ야請ᄒᆞ되漢宗廟事을奉ᄒᆞ고太后로母을삼는다ᄒᆞᆫ디己未에太后ㅣ誥ᄒᆞ야贇을廢ᄒᆞ야湘陰公을삼고侍中威로써國을監ᄒᆞ니百官과藩鎭이相繼ᄒᆞ야表을上ᄒᆞ야進ᄒᆞᆷ을勸ᄒᆞ다

右後漢二主共四年

後周紀

太祖 名威姓郭氏字仲文邢州堯山人 **在位三年 壽五十二**

(辛亥) 周太祖郭威廣順元年○北漢主劉崇乾祐四年○是歲周代漢北漢建國凡五國三鎭 **春正月에漢監國이即皇帝位ᄒᆞ야**

國號을周라ᄒᆞ다

春正月에漢監國이皇帝位에即ᄒᆞ야國號을周라ᄒᆞ다

初에漢河東節度使兼中書令劉崇이聞隱帝遇害ᄒᆞ고欲起兵南向이러니聞迎立湘陰公ᄒᆞ고乃止曰吾兒ㅣ爲帝ᄒᆞ니吾ㅣ又何求리오及贇廢에崇이乃即皇帝位於晉陽ᄒᆞ야更名旻ᄒᆞ고仍用乾祐年號ᄒᆞ다 是爲北漢

처음에漢河東節度使兼中書令劉崇이隱帝에遇害홈을聞ᄒᆞ고兵을起ᄒᆞ야南으로向ᄒᆞ고자ᄒᆞ더니湘陰公을迎立홈을聞ᄒᆞ고이에止ᄒᆞ야曰吾兒ㅣ帝가되얏시니吾ㅣ또무어슬求ᄒᆞ리오밋贇을廢홈의崇이이에皇帝位을晉陽에即ᄒᆞ야名을旻이라更ᄒᆞ고仍ᄒᆞ야乾祐年號을用ᄒᆞ다

初에周主ㅣ討河中ᄒᆞᆯ서己爲人望所屬이라李穀이時에爲轉運使러니周主ㅣ數以微言으로諷之호되穀이但以人臣盡節로爲對어늘周主ㅣ以是로賢之러니即位에首用爲相ᄒᆞ다時에國家新造ᄒᆞ야四方이多故어늘王峻이夙夜盡心ᄒᆞ야知無不爲ᄒᆞ야軍旅之謀를多所裨益ᄒᆞ고范

質이明敏彊記ᄒᆞ야謹守法度ᄒᆞ고李穀이沈毅有器略ᄒᆞ야 在周主前論議ᄒᆞᆯ서辭氣ㅣ慷慨ᄒᆞ고善譬諭ᄒᆞ야以開主意러라

처음에周主ㅣ河中을討ᄒᆞᆯ시임의人望의屬ᄒᆞᆫ바된지라李穀에時에轉運使가되얏더니周主ㅣ자쥬微言으로써諷ᄒᆞ되穀이다만人臣에節을盡ᄒᆞᆷ으로써對ᄒᆞ거늘周主ㅣ是로써賢ᄒᆞ다ᄒᆞ더니位에即ᄒᆞ미首로用ᄒᆞ야相을삼다時에國家ㅣ新造ᄒᆞ야四方이多故어ᄂᆞᆯ王峻이夙夜로心을盡ᄒᆞ야知ᄒᆞᆫᄂᆞᆫ건爲치아니ᄒᆞ미無ᄒᆞ야軍旅에謀를裨益ᄒᆞᆫ바ㅣ多ᄒᆞ고范質이明敏ᄒᆞ고彊記ᄒᆞ야法度를謹守ᄒᆞ고李穀이沈毅ᄒᆞ고器略이有ᄒᆞ야周主의前에在ᄒᆞ야論議ᄒᆞᆯ서辭氣가忼慨ᄒᆞ고譬諭을善히ᄒᆞ야써主에뜻을開ᄒᆞ더라

唐主ㅣ遣邊鎬ᄒᆞ야平湖南ᄒᆞ고以鎬로爲武安節度使ᄒᆞ다○遼穆宗璟應曆元年

唐主ㅣ邊鎬을遣ᄒᆞ야湖南을平ᄒᆞ고鎬로써武安節度使을삼다

(壬子)周廣順二年○是歲周南漢蜀唐北漢凡五國吳越湖南荊南凡三鎭 周主ㅣ自入秋로得風痺疾ᄒᆞ야害於食飮及步趨러라○遼應曆二年

周主ㅣ入秋ᄒᆞᆷ으로自ᄒᆞ야風痺疾을得ᄒᆞ야食飮과밋步趨에害ᄒᆞ더라

(甲寅)周顯德元年正月睿武孝文皇帝榮立北漢乾祐七年孝和帝鈞立○是歲凡五國三鎭 春正月에周ㅣ加晋王榮ᄒᆞ야 兼侍

中判內外兵馬事ᄒᆞ다 時에 羣臣이 希得見周主ᄒᆞ야 中外ㅣ恐懼러니
聞晉王이 典兵ᄒᆞ고 人心이 稍安ᄒᆞ더라 壬辰에 周主ㅣ殂ᄒᆞ니 晉王이 卽皇
帝位ᄒᆞ다

春正月에周ㅣ晉王榮을加ᄒᆞ야侍中判內外兵馬事을兼ᄒᆞ다時에羣臣이周主을得
見ᄒᆞ미希ᄒᆞ야中外가恐懼ᄒᆞ더니晉王이典兵ᄒᆞᆷ을聞ᄒᆞ고人心稍安ᄒᆞ더라壬辰에
周主ㅣ殂ᄒᆞ니晉王이皇帝位에卽ᄒᆞ다

北漢主ㅣ聞太祖ㅣ晏駕ᄒᆞ고 甚喜ᄒᆞ야 謀大擧入寇ᄒᆞᆯ서 遣使請兵于
遼ᄒᆞ다

北漢主ㅣ太祖ㅣ晏駕ᄒᆞᆷ을聞ᄒᆞ고甚히喜ᄒᆞ야크게擧ᄒᆞ야入寇ᄒᆞᆷ을謀ᄒᆞᆯ서使을遣
ᄒᆞ야兵을遼에請ᄒᆞ다

二月에 遼主ㅣ遣其將楊兗ᄒᆞ야 將萬餘騎ᄒᆞ고 如晉陽ᄒᆞᆫ대 北漢主ㅣ
自將兵三萬ᄒᆞ고 與契丹으로 南趣潞州어늘 周主世宗이 聞北漢主
入寇ᄒᆞ고 欲自將兵禦之ᄒᆞ니 羣臣이 皆曰劉崇이 自平陽遁走以
來로 勢蹙氣沮ᄒᆞ야 必不敢自來오 陛下ㅣ新卽位에 山陵이 有日ᄒᆞ니

人心이易搖라 不宜經動이니 宜命將禦之니다 世宗이曰崇이幸我
大喪ᄒᆞ고輕朕年少新立ᄒᆞ야有呑天下之心ᄒᆞ야此ㅣ必自來니 不可
不往이라ᄒᆞ고乙酉에周主ㅣ發大梁ᄒᆞ야壬辰에過澤州ᄒᆞ야宿於州東北
이러니 北漢主ㅣ不知周主至ᄒᆞ고過潞州不攻ᄒᆞ고引兵而南ᄒᆞ야是夕에
軍於高平之南이어늘 周主ㅣ介馬로 自臨陣督戰서 (釋義介甲也) 合戰未
幾에 樊愛能何徽ㅣ 引騎兵先遁ᄒᆞ야 右軍이 潰ᄒᆞ니 步兵千餘人이
解甲呼萬歲ᄒᆞ고降于北漢이어늘 周主ㅣ見兵勢ㅣ危ᄒᆞ고 自引兵ᄒᆞ야親
犯矢石督戰ᄒᆞ니 太祖皇帝ㅣ時爲宿衛將ᄒᆞ야 (釋義太祖皇帝謂宋太祖趙匡胤也) 謂同列
曰主危ㅣ如此ᄒᆞ니吾屬이何得不致死오리 又謂張永德曰賊氣ㅣ
驕ᄒᆞ니力戰이면可破也리라 乃身先士卒ᄒᆞ야馳犯其鋒ᄒᆞ니 士卒이死戰ᄒᆞ야
無不一當百ᄒᆞ니 北漢兵이 披靡려라 (披音被反) 時에 南風이益盛ᄒᆞ니 周兵이爭
奮ᄒᆞ니 北漢兵이 大敗ᄒᆞ야 追至高平ᄒᆞ니 僵尸滿山谷ᄒᆞ고 委棄御物

及輜重器械雜畜이不可勝紀러라
二月에遼主ㅣ그將楊兗을遣ᄒᆞ야萬餘騎를將ᄒᆞ고晉陽에如ᄒᆞᆫ디北漢主ㅣᄉᆞᄉᆞ로
兵三萬을將ᄒᆞ야契丹으로더부러南으로潞州에趨ᄒᆞ거늘周主世宗이北漢王이入
寇ᄒᆞᆷ을聞ᄒᆞ고ᄉᆞᄉᆞ로兵을將ᄒᆞ고禦ᄒᆞ고자ᄒᆞ니羣臣이다갈오되劉崇이平陽으
로自ᄒᆞ야遁走ᄒᆞ야써옴으로勢가蹙ᄒᆞ고氣가沮ᄒᆞ야반다시감히ᄉᆞᄉᆞ로來ᄒᆞ지
못ᄒᆞᆯ거시오陛下ㅣ新히位에即ᄒᆞ미山陵이日이有ᄒᆞ니人心니搖ᄒᆞ기가易ᄒᆞᆫ지
라輕動ᄒᆞ미宜치안니ᄒᆞ니맛당히將을命ᄒᆞ야禦ᄒᆞᆯ거시니다世宗이日崇이我에大
喪을幸히ᄒᆞ고朕에年少ᄒᆞ고新立ᄒᆞᆷ을輕히ᄒᆞ야天下을呑ᄒᆞᆯ心이有ᄒᆞ니이반다시
ᄉᆞᄉᆞ로來ᄒᆞ리니可히往ᄒᆞ지안이치못ᄒᆞ리라ᄒᆞ고乙酉에周主ㅣ大梁에發ᄒᆞ야
壬辰에澤州을過ᄒᆞ야州에東北에서宿ᄒᆞ더니北漢主ㅣ周主에至ᄒᆞᆷ을知치못ᄒᆞ고
潞州을過ᄒᆞ야攻치안니ᄒᆞ고兵을引ᄒᆞ고南으로ᄒᆞ야是夕에高平南에軍ᄒᆞ거늘周
主ㅣ介馬로ᄉᆞᄉᆞ로陣에臨ᄒᆞ야戰을督ᄒᆞᆯ시合戰ᄒᆞᆫ지얼마못되야樊愛能과何徽ㅣ
騎兵을引ᄒᆞ야先히遁ᄒᆞ야右軍이潰ᄒᆞ니步兵千餘人이甲을解ᄒᆞ고萬歲을呼ᄒᆞ고
北漢에降ᄒᆞ거늘周主ㅣ兵勢가危ᄒᆞᆷ을見ᄒᆞ고ᄉᆞᄉᆞ로兵을引ᄒᆞ야親히矢石을犯ᄒᆞ
야戰을督ᄒᆞ니太祖皇帝ㅣ時에宿衛將이되야서同列을謂ᄒᆞ야日主에危ㅣ이갓ᄐᆞ
니吾에무리가웃지시러곰死을致ᄒᆞ지안이ᄒᆞ리오또張永德을謂ᄒᆞ야日賊의氣가
驕ᄒᆞ니力戰ᄒᆞ면可히破ᄒᆞ리라ᄒᆞ고이에身으로士卒를先ᄒᆞ야其鋒을馳ᄒᆞ야犯ᄒᆞ

니士卒이死戰ᄒᆞ야一로百을當ᄒᆞ지아니홈이無ᄒᆞᆫ지라漢兵이披靡ᄒᆞ더라時에南風이益盛ᄒᆞᆫ지라周兵이爭奮ᄒᆞ니北漢兵이大敗ᄒᆞ야追ᄒᆞ거ᄂᆞᆯ高平에至ᄒᆞ니僵尸가山谷에滿ᄒᆞ고御物과밋輜重器機와雜畜을委棄홈이可히勝記치못ᄒᆞᆯ너라

周樊愛能等이聞周兵이大捷ᄒᆞ고與士卒로稍稍復還이어ᄂᆞᆯ周主ㅣ欲誅樊愛能等ᄒᆞ야以肅軍政ᄒᆞ야即收愛能徽及所部軍吏以上七十餘人ᄒᆞ야責之曰汝輩ㅣ皆累朝宿將으로非不能戰이어ᄂᆞᆯ今望風奔逃者ᄂᆞᆫ無他라正欲以朕으로爲奇貨ᄒᆞ야賣與劉崇耳라ᄒᆞ고悉斬之ᄒᆞ니自是로驕將惰卒이始知所懼ᄒᆞ야不行姑息之政矣러라

周樊愛能等이周兵이大捷홈을聞ᄒᆞ고士卒로더부러稍々히다시還ᄒᆞ거ᄂᆞᆯ周主ㅣ樊愛能에무리를誅ᄒᆞ야써軍政을肅ᄒᆞ고ᄌᆞᄒᆞ야即히愛能과徽와밋所部에軍吏의以上七十餘人을收ᄒᆞ야責ᄒᆞ야日汝에무리가다累朝에宿將으로能戰치못홈이안이여ᄂᆞᆯ今에風을望ᄒᆞ고奔逃ᄒᆞᄂᆞᆫ者ᄂᆞᆫ他가안이라正이朕으로써奇貨를숨아劉崇의게賣與ᄒᆞ고ᄌᆞᄒᆞ미라ᄒᆞ고다斬ᄒᆞ니是로自ᄒᆞ야驕將과惰卒이비로소懼ᄒᆞᆫ바을知ᄒᆞ야姑息에政을行치안이ᄒᆞ더라

周太師中書令瀛文懿王馮道ㅣ卒ᄒᆞ다道ㅣ少以孝謹으로知名이러

니唐莊宗世에始貴顯ᄒᆞ야自是로累朝에不離將相三公三師之位ᄒᆞ되爲人이淸儉寬弘ᄒᆞ야人莫測其喜慍ᄒᆞ고滑稽多智ᄒᆞ야(滑古忽反)浮沈取容이러라嘗著長樂老叙ᄒᆞᆯ시自述累朝榮遇之狀ᄒᆞ니時人이往往皆以德量으로推之ᄒᆞ더라

周太師中書令瀛文懿王馮道ㅣ卒ᄒᆞ다道ㅣ少에孝謹으로써名을知ᄒᆞ더니唐莊宗世에비로소貴顯ᄒᆞ야是로부터累朝에將相과三公과三師에位가離치안이ᄒᆞ되사람되미淸儉寬弘ᄒᆞ야人이그喜慍을測치못ᄒᆞ고滑稽에智가多ᄒᆞ야浮沈에容을取ᄒᆞ더라일즉長樂老叙을著ᄒᆞᆯ시스ᄉᆞ로累朝榮遇에狀을述ᄒᆞ니時人이往往이다德量으로써推ᄒᆞ더라

溫公曰天地設位聖人則之以制禮立法內有夫婦外有君臣婦之從夫終身不改臣之事君有死無貳此人道之大倫也苟或廢之亂莫大焉范質稱馮道厚德稽古宏材偉量雖朝代遷貿(莫候反 貿易也)人無間言屹若巨山(屹魚乞反 字或作屹)不可轉也臣愚以爲正女不從夫忠臣不事二君爲女不正雖復華色之美織紝之巧不足賢矣爲臣不忠雖復才智之多治行之優不足貴矣何則大節已虧故也道之爲相歷五朝八姓若逆旅之視過客朝爲仇敵暮爲君臣易面變辭曾無愧怍大節如此雖有小善庸足稱乎或以唐室之亡群雄力爭

帝王興廢遠者十餘年近者四三年雖有忠智將若之何當是之時失臣節者非道一人豈得獨罪道哉臣愚以爲忠臣憂公如家見危致命君有過則强諫力爭國敗亡則竭節効死智士邦有道則見邦無道則隱或滅跡山林或優遊下僚今道尊寵則冠三師權任則首諸相國存則依違拱默竊位素餐國亡則圖全苟免迎謁勸進君則興亡接踵道則富貴自如玆乃奸臣尤安得與他人爲比哉或謂道能全身遠害於亂世斯亦賢已臣謂君子有殺身成仁無求生害仁豈專以全身遠害爲賢哉然則盜跖病終 跖之石反 而子路醢果誰賢乎抑此非特道之愆也時君亦有責焉何則不正之女中士羞以爲家不忠之人中君羞以爲臣彼相前朝語其忠則反君事讎語其智則社稷爲墟後來之君不誅不棄乃復用以爲相彼又安肯忠於 我而能獲 其用乎故曰 非特道之 愆亦時君之責也

周主ㅣ違衆議ᄒᆞ고破北漢ᄒᆞ니自是로 政事無大小히 皆親決ᄒᆞ고 百官은受成於下而已러라

周主ㅣ衆議를違ᄒᆞ고北漢을破ᄒᆞ니是로브터政事에大小가업시다親決ᄒᆞ고百官은下에서受成ᄒᆞᆯᄯᆞᄅᆞᆷ일러라

初에宿衛之士ㅣ累朝相承ᄒᆞ야務求姑息ᄒᆞ고不欲簡閱ᄒᆞ야 恐傷人情ᄒᆞ니由是로羸老者居多ᄒᆞ고但驕蹇不用命ᄒᆞ야實不可用이라 每遇

大敵이면 不走卽降ᄒᆞ니 其所以失國이 亦多由此니라 周主因高平之戰ᄒᆞ야 始知其弊ᄒᆞ고 謂侍臣曰凡兵은 務精이오 不務多ㅣ라 今以農夫百으로 未能養甲士一이어늘 奈何浚民之膏澤ᄒᆞ야 養此無用之物乎아 且健懦를 不分ᄒᆞ니 衆無所勸이라ᄒᆞ고 乃命大簡諸軍ᄒᆞ야 精銳者는 升之上軍ᄒᆞ고 羸弱者는 斥去之ᄒᆞ고 又以驍勇之士ㅣ 多爲諸藩鎭所蓄이라ᄒᆞ야 詔募天下壯士ᄒᆞ야 咸遣詣闕ᄒᆞ야 命宋太祖皇帝ᄒᆞ야 選其尤者ᄒᆞ야 爲殿前諸班ᄒᆞ고 其騎步諸軍은 各命諸帥選之ᄒᆞ니 由是로 士卒精强이 近代無比ᄒᆞ야 征伐四方에 所向皆捷ᄒᆞ니 選練之力也러라

初에宿衛에士가累朝를相承ᄒᆞ야힘써姑息을求ᄒᆞ고簡閱을ᄒᆞ고ᄌᆞ아니ᄒᆞ야人情을傷ᄒᆞᆯ가恐ᄒᆞ니是로由ᄒᆞ야羸老ᄒᆞᆫ者居多ᄒᆞ고다만驕蹇ᄒᆞ야命을用치아니ᄒᆞ야實로可히쓰지못ᄒᆞᆯ지라미양大敵을遇ᄒᆞ면走치아니ᄒᆞ면降ᄒᆞ니그써國을失ᄒᆞ는바ᄯᅩᄒᆞᆫ여긔말미아ᄆᆞᆷ이多ᄒᆞ더니周主ㅣ高平에戰을因ᄒᆞ야비로소그弊를知ᄒᆞ고

侍臣더러謂ᄒᆞ야曰무릇兵은精ᄒᆞᆷ을務ᄒᆞ고多ᄒᆞᆷ을務치안ᄂᆞᆫ지라어졔農夫百으로써能히甲士一을養치못ᄒᆞ거ᄂᆞᆯ엇지ᄒᆞ야民에膏澤을浚ᄒᆞ야이ᄡᅳᆯ듸업ᄂᆞᆫ物을養ᄒᆞᄂᆞ뇨ᄯᅩ健懦를分치아니ᄒᆞ니무리를勸ᄒᆞᆯ바니無ᄒᆞ다ᄒᆞ고이에命ᄒᆞ야크게諸軍을簡ᄒᆞ야精銳ᄒᆞᆫ者ᄂᆞᆫ上軍에升ᄒᆞ고羸弱ᄒᆞᆫ者ᄂᆞᆫ斥去ᄒᆞ고ᄯᅩ써驍勇에士가만히諸藩鎭에蓄ᄒᆞᆫ바된다ᄒᆞ야詔ᄒᆞ야天下에壯士를募ᄒᆞ야다闕에詣ᄒᆞ야宋太祖皇帝를命ᄒᆞ야그尤ᄒᆞᆫ者를選ᄒᆞ야殿前에諸班을삼고그騎步의諸軍은각々諸帥를命ᄒᆞ야選ᄒᆞ니是로由ᄒᆞ야士卒의精强ᄒᆞᆷ이近代에比ᄒᆞᆯ듸업고四方을征伐ᄒᆞᆷ의向ᄒᆞᄂᆞᆫ바에皆捷ᄒᆞ니選練ᄒᆞᆫ力이러라

北漢主ㅣ殂ᄒᆞ니子承鈞이立ᄒᆞ야更名鈞ᄒᆞ다

北漢主ㅣ殂ᄒᆞ니子承鈞이立ᄒᆞ야名을鈞이라更ᄒᆞ다

北漢孝和帝ㅣ性이孝謹이러니旣嗣位에勤於爲政ᄒᆞ고愛民禮士ᄒᆞ니境內粗安이러라 ○遼應曆四年

北漢孝和帝가性이孝謹ᄒᆞ더니임의位를嗣ᄒᆞᆷ의爲政에勤ᄒᆞ고民을愛ᄒᆞ고士를禮ᄒᆞ니境內가粗安ᄒᆞ더라

世宗　在位六年　壽三十九

名榮姓柴氏太祖柴皇后兄守禮之子太祖無嗣養以爲子五代之君世宗最號英武而享年不永蓋太平之業天將啓聖人而授之非人謀之所及也

(乙卯)周世宗仍稱顯德二年○是歲凡五國三鎭 周世宗이常憤廣明以來로中國이日蹙ᄒᆞ며及高平旣捷에慨然有削平天下之志러라

周世宗이常히廣明써來ᄒᆞᆷ으로中國이날로蹙ᄒᆞᆷ을憤히여기더니밋高平에捷ᄒᆞᆷ의慨然히天下를削平ᄒᆞᆯ志가有ᄒᆞ더라

周世宗이謂宰相曰朕이每思致治之方ᄒᆞᄃᆡ未得其要ᄒᆞ야寢食不忘ᄒᆞ노라又自唐晉以來로吳蜀幽幷이皆阻聲教ᄒᆞ야未能混一ᄒᆞ니宜命近臣ᄒᆞ야著爲君難爲臣不易論及開邊策一篇ᄒᆞ라朕將覽焉ᄒᆞ리라

周世宗이宰相더러謂ᄒᆞ야曰朕이미양致治의方을思호ᄃᆡ그要ᄒᆞᆷ을得치못ᄒᆞ야寢食에忘치못ᄒᆞ노라또唐晉써來ᄒᆞᆷ으로봇허吳와蜀과幽와幷이다聲教를阻ᄒᆞ야能히混一치못ᄒᆞ니맛당히近臣을命ᄒᆞ야君되기難ᄒᆞᆷ과臣되기쉽지못ᄒᆞᆫ論과밋開邊策一篇을著ᄒᆞ라朕이장찻覽ᄒᆞ리라

比部郎中王朴이獻策ᄒᆞᄃᆡ以爲中國之失吳蜀幽幷이皆由失

道ᄒᆞ니今必先觀所以失之之原然後에知所以取之之術이니其始失之也에莫不以君暗臣邪ᄒᆞ고兵驕民困ᄒᆞ고姦黨이內熾ᄒᆞ고武夫外橫ᄒᆞ야因小致大ᄒᆞ고積微成著ᄒᆞ니今欲取之ᄃᆡᆫ莫若反其所爲而已니이다夫進賢退不肖는所以收其才也오恩德誠信은所以結其心也오賞功罰罪所以盡其力也오去奢節用은所以豐其財也오時使薄斂은所以阜其民也라俟羣才ㅣ既集ᄒᆞ고政事ㅣ既治ᄒᆞ고財用이既充ᄒᆞ고士民이既附然後에擧而用之면功無不成矣니라彼之人이觀我有必取之勢則知其情狀者ㅣ願爲間諜이오知其山川者ㅣ願爲嚮導ᄒᆞ야民心이既歸면天意ㅣ必從矣라凡攻取之道는必先其易者니唐이與吾接境이幾二千里ᄂᆞ其勢易擾也니擾之는當以無備之處로爲始ᄒᆞ야備東則擾西ᄒᆞ고備西則擾東이면彼必奔走而救之ᄒᆞ리니奔走之間에可以知其

虛實强弱이라然後에避實擊虛ᄒᆞ고避强擊弱호ᄃᆡ未須大擧요且以
輕兵으로擾之면南人이懦怯ᄒᆞ야聞小有警ᄒᆞ야必悉師以救之ᄒᆞ리니師
數動則民疲而財竭ᄒᆞ고不悉師則我可以乘虛取之니如
此면江北諸州ㅣ將悉爲我有ᄒᆞ리니既得江北則用彼之民ᄒᆞ야行
我之法이면江南을亦易取也라得江南則巴蜀은可傳檄而定
이오(檄胡狄反)南方을既定則燕地必望風內附요若其不至어든移兵攻
之면席卷可平矣리다惟河東은必死之寇라不可以恩信으로誘오
必當以强兵制之나然이나彼自高平之敗로力竭氣沮ᄒᆞ야必未
能爲邊患이니宜且以爲後圖ᄒᆞ야俟天下既平然後에伺間一擧
면可擒也라今士卒이精練ᄒᆞ고甲兵이有備ᄒᆞ야羣下ㅣ畏法ᄒᆞ고諸將
이效力ᄒᆞ야期年之後에可以出師니宜自夏秋로蓄積實邊矣니다
이世宗이欣然納之러라時에羣臣이多守常偸安ᄒᆞ야所對ㅣ小有可

取者ᄒᆞ되惟朴이神峻氣勁ᄒᆞ고有謀能斷ᄒᆞ야凡所規畫이皆稱世宗意ᄒᆞ니世宗이由是로重其器識이러라

比部郎中王朴 이策을獻ᄒᆞ야써ᄒᆞ되中國이吳와蜀과幽와幷을失ᄒᆞᆷ은다道를失ᄒᆞᆷ으로由ᄒᆞᆷ이니今에반다시先히써失ᄒᆞᆫ바의原을觀ᄒᆞᆫ然後에써取ᄒᆞᆯ바의術을知ᄒᆞ리니그비로소失ᄒᆞᆷ에君이暗ᄒᆞ고臣이邪ᄒᆞ고兵이驕ᄒᆞ고民이困ᄒᆞ고姦黨이內에熾ᄒᆞ고武夫ㅣ外에橫ᄒᆞ지아니ᄒᆞᆷ이읍서써小를因ᄒᆞ야大를致ᄒᆞ고微를積ᄒᆞ야著를成ᄒᆞᆷ이니今에取코자ᄒᆞᆯ진된그할바를反ᄒᆞᆷ만갓지못ᄒᆞᆯ싸름이니다무릇賢을進ᄒᆞ고不肖를退ᄒᆞᆷ은써그才를收ᄒᆞᄂᆞᆫ바이오恩德과誠信은써그心을結ᄒᆞᄂᆞᆫ바이오功을賞ᄒᆞ고罪를罰ᄒᆞᆷ은써그力을盡ᄒᆞᄂᆞᆫ바이오奢를去ᄒᆞ고用을節ᄒᆞᆷ은써그財를豐ᄒᆞᄂᆞᆫ바이오時로使ᄒᆞ고歛을薄ᄒᆞ게ᄒᆞᆷ은써그民을阜케ᄒᆞᄂᆞᆫ바이라羣才가임의集ᄒᆞ고政事가임의治ᄒᆞ고財用이임의充ᄒᆞ고士民이임의附ᄒᆞᆷ을俟ᄒᆞᆫ然後에擧ᄒᆞ야用ᄒᆞ면功이成치아니ᄒᆞᆷ이無ᄒᆞ리니彼의人이我ㅣ반다시取ᄒᆞᆯ勢가有ᄒᆞᆷ을觀ᄒᆞᆫ즉그情狀을知ᄒᆞᄂᆞᆫ者ㅣ間諜되기를願ᄒᆞ고그山川을知ᄒᆞᄂᆞᆫ者ㅣ嚮導되기를願ᄒᆞᆯ거시니民의心이既歸ᄒᆞ면天意가必從ᄒᆞ리다무릇攻取ᄒᆞᄂᆞᆫ道ᄂᆞᆫ반다시그易ᄒᆞᆫ者를先ᄒᆞᄂᆞ니唐이吾로더부러境을接ᄒᆞᆷ이거의二千里나其勢가擾ᄒᆞ기易ᄒᆞ니擾ᄒᆞᆷ은當히備가無ᄒᆞᆫ處로써始ᄒᆞ야東을備ᄒᆞᆫ즉西를擾ᄒᆞ고西를備ᄒᆞᆫ則東을擾

ᄒᆞ면彼가必히奔走ᄒᆞ야救ᄒᆞ리니奔走ᄒᆞᆯ시이에可히써그虛와實과强과弱을知ᄒᆞ리니然後에實을避ᄒᆞ야虛를擊ᄒᆞ고强을避ᄒᆞ야弱을擊호ᄃᆡ모름직이大擧치안이ᄒᆞ고ᄯᅩ輕兵으로써擾ᄒᆞ면南人이懦怯ᄒᆞ야小를聞ᄒᆞ고警ᄒᆞᆷ이有ᄒᆞ야반다시師를悉ᄒᆞ야써救ᄒᆞᆯ리니師ㅣ數動ᄒᆞᆫ즉民이疲ᄒᆞ고財가竭ᄒᆞ고師를悉ᄒᆞ지아니ᄒᆞᆫ즉我ㅣ可히써虛를乘ᄒᆞ야取ᄒᆞᆯ지니此와如ᄒᆞ면江北諸州ㅣ將찻다我의有될리니임의江北을得ᄒᆞᆫ즉彼民을用ᄒᆞ야我法을行ᄒᆞ면江南도ᄯᅩᄒᆞᆫ取ᄒᆞ기가易ᄒᆞᆯ지라南江을得ᄒᆞᆫ즉巴蜀은可히檄傳ᄒᆞ야定ᄒᆞᆯ지오南方이既定ᄒᆞᆫ즉燕地ㅣ반다시風을望ᄒᆞ야內附ᄒᆞᆯ지오만일그至치아니ᄒᆞ면兵을移ᄒᆞ야攻ᄒᆞ면席卷ᄒᆞ야可히平ᄒᆞ리다오직河東은반다시死ᄒᆞᆯ寇라可히써恩信으로誘치못ᄒᆞ고반다시맛당히强兵으로써制ᄒᆞᆯ지나그러나彼가高平의敗ᄒᆞᆷ으로븟허力竭氣沮ᄒᆞ야반다시能히邊患히되지아니ᄒᆞᆯ지니맛당히ᄯᅩ써後圖ᄒᆞᆷ을삼아天下가既平ᄒᆞᆷ을俟ᄒᆞᆫ然後에伺間ᄒᆞ야一擧ᄒᆞ면可擒ᄒᆞᆯ지라今에士卒이精練ᄒᆞ고甲兵이備가有ᄒᆞ야羣下ㅣ法을畏ᄒᆞ고諸將이力을効ᄒᆞ야期年後에可히써師를出ᄒᆞᆯ거시니맛당히夏秋로부터蓄積ᄒᆞ야邊을實ᄒᆞᆯ지니이다世宗이欣然ᄒᆞ야納ᄒᆞ더라時에羣臣이多히常을守ᄒᆞ고安ᄒᆞᆷ을偸ᄒᆞ야對ᄒᆞᄂᆞᆫ바可히取ᄒᆞᆯ者ㅣ少有호ᄃᆡ오직朴이神峻氣勁ᄒᆞ고謀가有ᄒᆞ고能히斷ᄒᆞ야무릇規畫ᄒᆞᄂᆞᆫ바이다世宗의意를稱ᄒᆞ니世宗이是로由ᄒᆞ야그器識을重히여기더라

(丙辰)周顯德三年○是歲凡五國四鎭 正月庚子에 周世宗이 下詔ᄒᆞ야 親征淮南ᄒᆞᆯᄉᆡ 命
歸德節度使李重進ᄒᆞ야 將兵先赴正陽ᄒᆞ다 李穀이 攻壽州久不
克ᄒᆞ고 唐劉彦貞이 引兵救之ᄒᆞ니 李重進이 度淮ᄒᆞ야 逆戰於正陽
東ᄒᆞ야 大破之ᄒᆞ고 斬彦貞ᄒᆞ다

正月庚子에周世宗이詔를下ᄒᆞ야淮南를親히征ᄒᆞᆯᄉᆡ歸德節度使李重進을命ᄒᆞ야
兵을將ᄒᆞ야先히正陽에赴ᄒᆞ다李穀이壽州를攻ᄒᆞ야久히克지못ᄒᆞ고唐劉彦貞이
兵을引ᄒᆞ고救ᄒᆞ니李重進이淮를度ᄒᆞ야正陽東에逆戰ᄒᆞ야크게破ᄒᆞ고彦貞을斬
ᄒᆞ다

是時에 江淮久安ᄒᆞ고 民不習戰ᄒᆞ야 彦貞이 旣敗에 唐人이 大恐이라 皇
甫暉姚鳳이 退保淸流關이러늘 丙辰에 周世宗이 至壽州城下ᄒᆞ야
命諸軍ᄒᆞ야 圍壽州ᄒᆞ다 二月에 世宗이 命太祖皇帝ᄒᆞ야 倍道襲淸流
關ᄒᆞ니 皇甫暉等이 陳於山下ᄒᆞ고 方與前鋒으로 戰ᄒᆞᆯᄉᆡ 太祖皇帝引
兵出山後ᄒᆞ니 暉等이 大驚ᄒᆞ야 走入滁州ᄒᆞ야 欲斷橋自守어늘 太祖皇

帝ㅣ躍馬麾兵ᄒᆞ야涉水直抵城下ᄒᆞ니暉等이曰人各爲其主니願容成列而戰ᄒᆞ노라太祖皇帝ㅣ笑而許之ᄒᆞ니暉ㅣ整衆而出이어늘宋太祖皇帝擁馬頸ᄒᆞ고突陳而入ᄒᆞ야大呼曰吾ㅣ止取皇甫暉오他人은非吾敵也ㅣ라ᄒᆞ고手劒으로擊暉中腦ᄒᆞ야生擒之ᄒᆞ고幷擒姚鳳ᄒᆞ야遂克滁州ᄒᆞ다後에世宗이遣翰林學士竇儀ᄒᆞ야籍滁州帑藏ᄒᆞᆯ서宋太祖皇帝遣親吏ᄒᆞ야取藏中絹ᄒᆞ니儀ㅣ曰公이初克城時인댄雖傾藏取之라도無傷也어니와今旣籍爲官物ᄒᆞ니非有詔書면不可得也니라宋太祖皇帝ㅣ由是로重儀ᄒᆞ더라

이ᄯᅢ에江淮가오리安ᄒᆞ고民이戰을習지아니ᄒᆞ야彥貞이임에敗ᄒᆞᆷ의唐人이크게恐ᄒᆞ는지라皇甫暉와姚鳳이退ᄒᆞ야淸流關을保ᄒᆞ거늘丙辰에周世宗이壽州城下에至ᄒᆞ야諸軍을命ᄒᆞ야壽州를圍ᄒᆞ다二月에世宗이太祖皇帝를命ᄒᆞ야道를倍ᄒᆞ야淸流關을襲ᄒᆞ니皇甫暉等이山下에陳ᄒᆞ고바야흐로前鋒으로더브러戰ᄒᆞᆯ서太祖皇帝ㅣ兵을引ᄒᆞ고山後에出ᄒᆞ니暉等이大驚ᄒᆞ야滁州로走入ᄒᆞ야橋를斷ᄒᆞ고自守ᄒᆞ고ᄌᆞᄒᆞ거늘太祖皇帝ㅣ馬를躍ᄒᆞ고兵을麾ᄒᆞ야水를涉ᄒᆞ야城下에直抵ᄒᆞ

니暉等이글오ᄃᆡ人이각각그主를爲ᄒᆞ니成列ᄒᆞᆷ을容ᄒᆞ야戰ᄒᆞ기를願ᄒᆞ노라太祖皇帝ㅣ笑ᄒᆞ고許ᄒᆞ니暉ㅣ衆을整ᄒᆞ야出ᄒᆞ거ᄂᆞᆯ宋太祖皇帝ㅣ馬頸을擁ᄒᆞ고突陳ᄒᆞ야入ᄒᆞ야大呼ᄒᆞ야曰吾ㅣ皇甫暉를取ᄒᆞᆷ에止ᄒᆞ고他人은吾의敵이아니라ᄒᆞ고手劒으로暉를擊ᄒᆞ야腦를中ᄒᆞ야生擒ᄒᆞ고幷히姚鳳을擒ᄒᆞ야滁州를遂克ᄒᆞ다後에世宗이翰林學士竇儀를遣ᄒᆞ야滁州帑藏을籍ᄒᆞᆯ시宋太祖皇帝ㅣ親吏를遣ᄒᆞ야藏中絹을取ᄒᆞ니儀曰公이初에城을克ᄒᆞᆯ時에비록藏을傾ᄒᆞ야取ᄒᆞᆯ지라도傷ᄒᆞᆷ이無ᄒᆞ거니와今에旣히籍ᄒᆞ야官物이되얏스니詔書가有치아니ᄒᆞ면可히得치못ᄒᆞᆯ지니라宋太祖皇帝ㅣ是로由ᄒᆞ야儀를重히여기더라

初에周劉詞遺表ᄒᆞ야薦其幕僚薊人趙普ㅣ有才可用이라ᄒᆞ니會에滁州平에范質이薦普爲滁州軍事判官ᄒᆞᆫᄃᆡ宋太祖皇帝ㅣ與語悅之ᄒᆞ더라宋太祖皇帝ㅣ威名이日盛이라每臨陳에必繁纓飾馬ᄒᆞ고(繁蒲官反)鎧仗이鮮明ᄒᆞ니或이曰如此면爲敵所識이라ᄒᆞᆫᄃᆡ宋太祖皇帝ㅣ曰吾固欲其識之耳라ᄒᆞ더라

初에周劉詞ㅣ表를遺ᄒᆞ야그幕僚薊人趙普ㅣ才가有ᄒᆞ야可히用ᄒᆞᆷ을薦ᄒᆞ더니會에滁州平ᄒᆞᆷ의范質이普를薦ᄒᆞ야滁州軍事判官을삼온ᄃᆡ宋太祖皇帝ㅣ더브러語

ᄒᆞ고悅ᄒᆞ더라宋太祖皇帝ㅣ威名이日로盛ᄒᆞᆫ지라每양陳에臨홈에반다시繁纓으로馬를飾ᄒᆞ고鎧仗이鮮明ᄒᆞ니或이曰此와如ᄒᆞ면敵의識ᄒᆞᆫ비될지라ᄒᆞᆫᄃᆡ宋太祖皇帝ㅣ曰吾ㅣ진실로그識케ᄒᆞ고ᄌᆞᄒᆞᆷ이라ᄒᆞ더라

唐主ㅣ兵이屢敗ᄒᆞ니懼亡ᄒᆞ야乃遣鍾謨李德明ᄒᆞ야奉表稱臣ᄒᆞ고來請平ᄒᆞ신ᄃᆡ謨德明이素辯口라周世宗이知其欲遊說ᄒᆞ고盛陳甲兵而見之ᄒᆞ야曰我非六國愚主니豈汝口舌로所能移耶아可歸語汝主ᄒᆞᄃᆡ亟來見朕ᄒᆞ고再拜謝過則無事矣어니와不然이면朕이欲往觀金陵城ᄒᆞ고借府庫以勞軍ᄒᆞ노니汝君臣이得無悔乎아謨德明이戰栗不敢言ᄒᆞ더라

唐主ㅣ兵이屢히敗ᄒᆞ니亡홀가懼ᄒᆞ야이에鍾謨와李德明을遣ᄒᆞ야表을奉ᄒᆞ야臣을稱ᄒᆞ고來ᄒᆞ야平을請홀ᄉᆡ謨와德明이素히辯口라周世宗이그遊說코자홈을知ᄒᆞ고甲兵을盛陳ᄒᆞ고見ᄒᆞ야曰我ㅣ六國에愚主가안이니읏지汝에口舌로能히移홀바리요可히歸ᄒᆞ야汝主에게語호ᄃᆡ亟히來ᄒᆞ야朕을見ᄒᆞ고再拜ᄒᆞ고過을謝ᄒᆞᆫ즉事ㅣ無ᄒᆞ려이와그러치아니ᄒᆞ면朕이往ᄒᆞ야金陵城을觀ᄒᆞ고府庫을借ᄒᆞ야써軍을勞ᄒᆞ고자ᄒᆞ노니汝에君臣이실어금悔가無홀가본야謨와德明이戰栗ᄒᆞ야敢

히言지못ᄒᆞ더라
唐主ㅣ復使李德明孫晟으로 言於周世宗ᄒᆞ야 請去帝號ᄒᆞ고 割壽
濠泗楚光海六州之地ᄒᆞ고 仍歲輸金帛百萬ᄒᆞ야 以求罷兵이어ᄂᆞᆯ
世宗이 以淮南之地ㅣ 已半爲周有ᄒᆞ고 諸將捷奏ㅣ 日至ᄒᆞ니 欲盡
得江北之地ᄒᆞ야 不許ᄒᆞᆫ대 德明이 見周兵이 日進ᄒᆞ고 奏稱ᄒᆞ되 唐主ㅣ 不
知陛下兵力이 如此之盛ᄒᆞ니 願寬臣五日之誅면 得歸白唐主
ᄒᆞ야 盡獻江北之地ᄒᆞ리이다 世宗이 乃許之ᄒᆞ고 賜唐主詔書ᄒᆞ니 其略에 曰
但存帝號에 何爽歲寒이리오 倘堅事大之心이면 終不迫人于險ᄒᆞ리라
又曰俟諸郡之悉來ᄒᆞ야 即大軍之立罷ㅣ라 言盡於此ᄒᆞ고 更不
煩云ᄒᆞ노니 苟曰未然이면 請從玆絕ᄒᆞ라 德明이 稱世宗威德과 及甲
兵之强ᄒᆞ고 勸唐主割江北之地ᄒᆞᆫ대 唐主ㅣ 大怒ᄒᆞ야 斬德明於市ᄒᆞ고
命齊王景達ᄒᆞ야 將兵以拒周ᄒᆞᆯ서 景達이 將兵二萬ᄒᆞ고 自瓜步로 濟

江ᄒᆞ야 距六合二十餘里ᄒᆞ야 設柵不進ᄒᆞ니 諸將이 欲擊之어ᄂᆞᆯ 宋太祖
皇帝曰彼設柵自固ᄂᆞᆫ 懼我也라 今吾衆이 不滿二千ᄒᆞ니 若往
擊之則彼見吾衆이 寡矣리니 不如俟其來而擊之ᄒᆞ야 破之必矣
리라 居數日에 唐이 出兵趣六合이어ᄂᆞᆯ 宋太祖皇帝ㅣ 奮擊大破之ᄒᆞ야
殺獲이 近五千人ᄒᆞ니 餘衆이 尙萬餘라 走渡江ᄒᆞ야 爭舟溺死者ㅣ
甚衆ᄒᆞ니 於是에 唐之精卒이 盡矣러라 是戰也에 士卒이 有不致力
者어ᄂᆞᆯ 宋太祖皇帝ㅣ 陽爲督戰ᄒᆞ야 以劒으로 斫其皮笠이러라 明日에 徧
閱皮笠ᄒᆞ니 有劒跡者數十人이라 皆斬之ᄒᆞ니 由是로 部兵이 莫敢不
盡死ᄒᆞ더라

唐主ㅣ다시李德明과孫晟으로ᄒᆞ야곰周世宗의게言ᄒᆞ야帝號ᄅᆞᆯ去ᄒᆞᆷ을請ᄒᆞ고壽
濠泗楚光海六州에地ᄅᆞᆯ割ᄒᆞ고仍ᄒᆞ야歲로金帛百萬을輸ᄒᆞ야써罷兵ᄒᆞ기ᄅᆞᆯ求ᄒᆞ
거ᄂᆞᆯ世宗이써淮南에地ㅣ임에半이周에有되고諸將에捷을奏ᄒᆞ미日至ᄒᆞ니江北
에地ᄅᆞᆯ盡히得ᄒᆞ고ᄌᆞᄒᆞ야許치안니ᄒᆞᆫᄃᆡ德明이周兵이日로進ᄒᆞᆷ을見ᄒᆞ고奏ᄒᆞ야

稱ᄒᆞᄃᆡ唐主ㅣ陛下에兵力이此와如히盛홈을知치못ᄒᆞ니願컨ᄃᆡ臣을五日을寬ᄒᆞ야誅ᄒᆞ시면실어금歸ᄒᆞ야唐主에게白ᄒᆞ야江北에地를盡獻ᄒᆞ리이다世宗이乃許ᄒᆞ고唐主에게詔書을賜ᄒᆞ니그略에曰다만帝號을存홈에엇지歲寒에爽ᄒᆞ리오倘히事大에心을堅히ᄒᆞ면終히人을險ᄒᆞᆫ데迫지안이ᄒᆞ리라또曰諸郡에다來홈을俟ᄒᆞ야곳大軍을立罷ᄒᆞ리라言이此에盡ᄒᆞ고更히煩云치안니ᄒᆞ노니苟曰然치안니ᄒᆞ면請從홈을玆에絕ᄒᆞ라德明이世宗에威德과밋甲兵에強홈을稱ᄒᆞ고唐主을勸ᄒᆞ야江北에地을割ᄒᆞ라ᄒᆞᆫᄃᆡ唐主ㅣ크게怒ᄒᆞ야德明을市에斬ᄒᆞ고齊主景達을命ᄒᆞ야兵을將ᄒᆞ야써周을拒홀ᄉᆡ景達이兵二萬을將ᄒᆞ고瓜步로自ᄒᆞ야江을濟ᄒᆞ야六合二十餘里을距ᄒᆞ야柵을設ᄒᆞ고進치아니ᄒᆞ니諸將이擊ᄒᆞ고ᄌᆞᄒᆞ거늘宋太祖皇帝ㅣ曰彼가柵을設ᄒᆞ고스ᄉᆞ로固홈은我을懼홈이라이졔吾에무리가二千에滿치안니ᄒᆞ니만일往ᄒᆞ야擊ᄒᆞᆫ則彼가吾衆의寡홈을見ᄒᆞ리니그來홈을俟ᄒᆞ야擊破ᄒᆞ미반ᄃᆞ홈만갓지못ᄒᆞ니라居ᄒᆞᆫ지數日에唐이兵을出ᄒᆞ야六合에趣ᄒᆞ거늘宋太祖皇帝ㅣ奮擊ᄒᆞ야크게破ᄒᆞ야殺獲이五千人에近ᄒᆞ니餘衆이오히려萬에餘ᄒᆞᆫ지라走ᄒᆞ야江을渡ᄒᆞ야舟을爭ᄒᆞ야溺死ᄒᆞᄂᆞᆫ者甚히衆ᄒᆞ니이에唐에精卒이盡ᄒᆞ더라이戰에士卒이力을致치안이ᄒᆞᆫ者有ᄒᆞ거늘宋太祖皇帝그짓戰을督ᄒᆞᆫ다ᄒᆞ야劍으로써그皮笠을斫ᄒᆞ얏다가明日에皮笠을閱ᄒᆞ니劍跡이有ᄒᆞᆫ者數十人이라다斬ᄒᆞ니是로由ᄒᆞ야部兵이敢히다死치안이ᄒᆞ지못ᄒᆞ더라

周ㅣ以太祖皇帝로爲定國節度使ᄒᆞ야兼殿前都指揮使ᄒᆞ다

周ㅣ太祖皇帝로써定國節度使을삼아서殿前都指揮使을兼ᄒᆞ다

(丁巳)周顯德四年○北漢天會元年○是歲凡五國三鎭 周兵이圍壽春ᄒᆞ야連年未下어늘議者ㅣ以唐援兵이尙疆多로請罷兵ᄒᆞᆫ듸世宗이疑之러라李穀이寢疾在第러니二月에世宗이使范質王溥로으就與之謀ᄒᆞᆫ듸穀이上疏ᄒᆞ야以爲壽春이危困ᄒᆞ야破在旦夕ᄒᆞ니若鑾駕ㅣ親征則將士ㅣ爭奮ᄒᆞ고援兵이震恐ᄒᆞ리니城中이知亡이면必可下矣리다世宗이悅ᄒᆞ다

周兵이壽春을圍ᄒᆞ야連年에下치못ᄒᆞ거늘議ᄒᆞ는者ㅣ唐에援兵이오히려强多ᄒᆞᆷ으로써罷兵ᄒᆞ기을請ᄒᆞᆫ듸世宗이疑ᄒᆞ더라李穀이寢疾ᄒᆞ야第에在ᄒᆞ더니二月에世宗이范質과王溥으로ᄒᆞ야곰就ᄒᆞ야더부러謀ᄒᆞᆫ듸穀이疏을上ᄒᆞ야써ᄒᆞ되壽春이危困ᄒᆞ야破ᄒᆞ미旦夕에在ᄒᆞ니만일鑾駕ㅣ親征ᄒᆞ죽將士ㅣ爭奮ᄒᆞ고援兵이震恐ᄒᆞ리니城中이亡ᄒᆞᆯ걸知ᄒᆞ면반다시可히下ᄒᆞ리다世宗이悅ᄒᆞ다

二月乙亥에周主世宗이發大梁ᄒᆞ다先時에周與唐으로戰ᄒᆞᆯ서唐水軍이銳敏ᄒᆞ야周人이無以敵之어늘世宗이每以爲恨이러니返自壽春

으로於大梁城西汴水側에 造戰艦數百艘ᄒᆞ고 命唐降卒ᄒᆞ야 敎北人水戰ᄒᆞ니 數月之後에 縱橫出沒이 殆勝唐兵이라 至是에 命右驍衛大將軍王環ᄒᆞ야 將水軍數千ᄒᆞ고 自閔河로 沿潁入淮ᄒᆞ니 唐人이 見之大驚ᄒᆞ더라 壬辰日에 世宗이 軍于趙步ᄒᆞ니 諸將이 擊唐紫金山寨ᄒᆞ야 大破之ᄒᆞ고 殺獲萬餘人ᄒᆞ다 甲辰에 世宗이 耀兵于壽春城北ᄒᆞ니 唐淸淮節度使劉仁贍이 病甚不知人이러니 監軍使周廷構等이 作仁贍表ᄒᆞ야 舁仁贍出城降ᄒᆞ니 夏四月에 周世宗이 還大梁ᄒᆞ다

二月乙亥에周主世宗이大梁에發ᄒᆞ다先是에周ㅣ唐으로더부러戰ᄒᆞᆯ시唐의水軍이銳敏ᄒᆞ야周人이써敵ᄒᆞ리가無ᄒᆞ거ᄂᆞᆯ世宗이미양써恨ᄒᆞ더니壽春으로부터返ᄒᆞᆷ으로大梁城西汴水側에戰艦數百艘를造ᄒᆞ고唐降卒을命ᄒᆞ야北人을水戰을敎ᄒᆞ니數月後에縱橫出沒ᄒᆞᆷ이唐兵에殆勝ᄒᆞᆫ지라 是에至ᄒᆞ야右驍衛大將軍王環을命ᄒᆞ고水軍數千을將ᄒᆞ고閔河로부터沿潁ᄒᆞ야入淮ᄒᆞ니唐人이見ᄒᆞ고크게驚ᄒᆞ더라壬辰日에世宗이趙步에軍ᄒᆞ니諸將이唐紫金山寨를擊ᄒᆞ야크게破ᄒᆞ고

萬餘人을殺獲ᄒᆞ다甲辰에世宗이兵을壽春城北에耀ᄒᆞ니唐淸淮節度使劉仁贍이病이甚ᄒᆞ야人을知치못ᄒᆞ더니監軍使周廷構에무리가仁贍에表을作ᄒᆞ야仁贍을舁ᄒᆞ야城에出ᄒᆞ야降ᄒᆞ니夏四月에周世宗이大梁에還ᄒᆞ다

冬十月에周世宗이發大梁ᄒᆞ야十一月에至濠州ᄒᆞ야大破唐兵於洞口ᄒᆞ야斬首五千餘級ᄒᆞ고降卒二千餘人ᄒᆞ고因鼓行而東ᄒᆞ니所至에皆下라唐兵이退保淸口ᄒᆞᆫ디戊午旦에世宗이自將親軍ᄒᆞ야自淮北으로進ᄒᆞ고命宋太祖皇帝ᄒᆞ야將步騎ᄒᆞ고自淮南으로進ᄒᆞ고諸將은以水軍으로自中流進ᄒᆞ야共追唐兵ᄒᆞ니所獲戰船이燒沉之餘에得三百餘艘ᄒᆞ고士卒이殺溺之餘에得七千餘人ᄒᆞ니唐之戰船在淮上者ㅣ於是盡矣러라

冬十月에周世宗이大梁에發ᄒᆞ야十一月에濠州에至ᄒᆞ야크게唐兵을洞口에破ᄒᆞ야首五千餘級을斬ᄒᆞ고卒二千餘人을降ᄒᆞ고因ᄒᆞ야東으로鼓行ᄒᆞ니所至에다下ᄒᆞᄂᆞᆫ지라唐兵이退ᄒᆞ야淸口을保ᄒᆞᆫ디戊午旦에世宗이ᄉᆞᄉᆞ로親軍을將ᄒᆞ야淮北으로부터進ᄒᆞ고宋太祖皇帝을命ᄒᆞ야步騎을將ᄒᆞ고淮南으로부터進ᄒᆞ고諸將

은水軍으로써中流로부터進ᄒᆞ야共히唐兵을追ᄒᆞ니戰船을獲ᄒᆞᆫ바ㅣ燒沉ᄒᆞᆫ餘에三百餘艘을得ᄒᆞ고士卒이殺ᄒᆞ고溺ᄒᆞᆫ餘에七千餘人을得ᄒᆞ니唐에戰船이淮上에在ᄒᆞᆫ者ㅣ이에盡ᄒᆞ더라

(戊午)周顯德五年○唐中興元年南漢主鋹大寶元年○是歲凡五國三鎭 三月에周世宗이如迎鑾鎭ᄒᆞ야釋義迎鑾鎭今眞州是五代時僞吳置迎鑾鎭後宋改建安軍眞宗時陞眞州 屢至江口ᄒᆞ야遣水軍ᄒᆞ야擊唐兵破之ᄒᆞ니唐主ㅣ聞世宗이在江上ᄒᆞ고恐ᄒᆞ야遂南渡ᄒᆞᆯ서又恥降號稱藩ᄒᆞ야乃遣兵部侍郞陳覺ᄒᆞ야奉表請傳位於太子弘冀ᄒᆞ야使聽命於中國ᄒᆞ니時에淮南에惟廬舒蘄黃이未下ᄒᆞ다覺이至迎鑾ᄒᆞ야見周兵之盛ᄒᆞ고白世宗ᄒᆞ야請遣人渡江ᄒᆞ야取表獻四州之地ᄒᆞ고畫江爲境ᄒᆞ야以求息兵ᄒᆞᆫᄃᆡ辭旨ㅣ甚哀라世宗曰朕이本興師ᄂᆞᆫ止取江北이러니今爾主能擧國內附ᄒᆞ니朕復何求ㅣ리오覺이拜謝而退ᄒᆞ야遣其屬劉承遇ᄒᆞ야如金陵ᄒᆞ여世宗이賜唐主書ᄒᆞᄃᆡ稱皇帝ᄒᆞ고恭問ᄒᆞ니江南國主ᄂᆞᆫ慰納之ᄒᆞ며唐主ㅣ復遣承遇ᄒᆞ야奉表獻江北四州ᄒᆞ고歲輸貢

物數十萬ᄒᆞ니於是에江北이悉平이라得州十四와縣六十ᄒᆞ니是月에

浚汴口導河流ᄒᆞ야達于淮ᄒᆞ니於是에江淮舟楫이始通이러라

三月에周世宗이迎鑾鎭에如ᄒᆞ야屢히江口에至ᄒᆞ야水軍을遣ᄒᆞ야唐兵을擊ᄒᆞ야破ᄒᆞ니唐主ㅣ世宗이江上에在홈을聞ᄒᆞ고恐ᄒᆞ야드듸여南으로渡ᄒᆞᆷ시또降號와稱藩을恥ᄒᆞ야이에兵部侍郎陳覺을遣ᄒᆞ야表를奉ᄒᆞ야位를太子弘冀에게傳ᄒᆞ야ᄒᆞ곰中國에聽命ᄒᆞ기를請ᄒᆞ니時에淮南에오작盧舒蘄黃이下치안니ᄒᆞᆫ지라覺이迎鑾에至ᄒᆞ야周兵에盛홈을見ᄒᆞ고世宗에게白ᄒᆞ야人을遣ᄒᆞ야江을渡ᄒᆞ야表를取ᄒᆞ야四州에地를獻ᄒᆞ기를請ᄒᆞ고江을畫ᄒᆞ야境을삼아써息兵ᄒᆞ기를求호ᄃᆡ辭旨ㅣ甚히哀ᄒᆞ거늘世宗이曰朕이본ᄃᆡ師를興홈은江北을取홈에止ᄒᆞ미니今에爾主ㅣ能히國를擧ᄒᆞ야內附ᄒᆞ니朕이復히무어설求ᄒᆞ리오覺이拜辭ᄒᆞ고退ᄒᆞ야그屬劉承遇를遣ᄒᆞ야金陵에如ᄒᆞ거늘世宗이唐主의게書를賜호ᄃᆡ皇帝라稱ᄒᆞ고恭히問ᄒᆞ노니江南國主ᄂᆞᆫ慰ᄒᆞ야納ᄒᆞ라唐主ㅣ復히承遇를遣ᄒᆞ야表를奉ᄒᆞ야江北에四州를獻ᄒᆞ고歲로貢物數十萬을輸ᄒᆞ니이에江北이다平ᄒᆞᆫ지라州十四와縣十六을得ᄒᆞ다是月에汴口를浚ᄒᆞ야河流에導ᄒᆞ야淮에達ᄒᆞ니이에江淮에舟檝이비로소通ᄒᆞ더라

五月에唐主ㅣ避周諱ᄒᆞ야更名景이라ᄒᆞ다

五月에唐主ㅣ周諱를避ᄒᆞ야名을景이라更ᄒᆞ다

南漢中宗이殂ᄒᆞ니長子衛王繼興이即帝位ᄒᆞ야更名鋹丑兩反ᄒᆞ다

南漢中宗이殂ᄒᆞ니長子衛王繼興이帝位에即ᄒᆞ야名을鋹이라更ᄒᆞ다

(己未)周顯德六年六月恭帝宗訓立○是歲凡五國三鎭 周淮南이饑어늘世宗이命ᄒᆞ야以米로貸之ᄒᆞᆫᄃᆡ或이曰民貧ᄒᆞ니恐不能償이니이다世宗이曰民은吾子也라安有子ㅣ倒懸而父ㅣ不爲之解哉며安在責其必償也ㅣ리오○遼應曆九年

周淮南히饑ᄒᆞ거늘世宗이命ᄒᆞ야米로써貸ᄒᆞᆫᄃᆡ或이曰民이貧ᄒᆞ니能히償치못ᄒᆞᆯ가恐ᄒᆞ노이다世宗이曰民은吾에子ㅣ라웃지子ㅣ倒懸ᄒᆞ얏는ᄃᆡ父ㅣ解ᄒᆞ지아니ᄒᆞᆷ이有ᄒᆞ겟스며웃지 그반다시償ᄒᆞ는ᄃᆡ責이在ᄒᆞ리요

周世宗이以北鄙未復으로將幸滄州ᄒᆞᆯ서即日에帥步騎數萬ᄒᆞ고直趨契丹之境ᄒᆞ니契丹守將이皆擧城降이어늘於是에關南이悉平ᄒᆞ다

周世宗이北鄙를復지못ᄒᆞᆷ으로써장찻滄州로幸ᄒᆞᆯ식卽日에步騎數萬을帥ᄒᆞ고直히契丹의境으로趨ᄒᆞ니契丹에守將이다城을擧ᄒᆞ야降ᄒᆞ거늘於是에關南이다平ᄒᆞ다

六月에 唐主ㅣ 遣其子紀公從善ᄒᆞ야 與鍾謨로 俱入貢이어늘 周
主ㅣ 問謨曰江南이 亦治兵修守備乎아 對曰旣臣事大國ᄒᆞ니
不敢復爾로소이다 上이 曰不然ᄒᆞ다 嚮時則爲仇敵이어니와 今日則爲一
家라 吾與汝國으로 大義ㅣ 已定ᄒᆞ니 保無他虞ㅣ나 然이나 人生을 難期ᄒᆞ야
至於後世則事不可知니 歸語汝主ᄒᆞ고 可及吾時ᄒᆞ야 完城郭繕
甲兵ᄒᆞ고(繕時戰反) 據守要害ᄒᆞ야 爲子孫計ᄒᆞ라 謨ㅣ 歸ᄒᆞ야 以告唐主ᄒᆞᆫ대 唐主ㅣ
乃城金陵ᄒᆞ고 凡諸州城之不完全者를 葺之ᄒᆞ고 戍兵少者를 益
之ᄒᆞ다

六月에唐主ㅣ그子紀公從善을遣ᄒᆞ야鍾謨로더브러俱히入ᄒᆞ야貢ᄒᆞ거늘周主
ㅣ謨더러問ᄒᆞ야曰江南이ᄯᅩᄒᆞᆫ兵을治ᄒᆞ고守備를修ᄒᆞᄂᆞ냐對ᄒᆞ야曰임의臣으
로大國을事ᄒᆞ니敢히다시못ᄒᆞ리로소이다上이曰然치아니ᄒᆞ다嚮時즉仇敵이
되얏거니와今日則一家가되얏ᄂᆞᆫ지라吾ㅣ汝의國으로더브러大義가임의定ᄒᆞ
얏스니保ᄒᆞ야他虞가無ᄒᆞ나然이나人生을期키難ᄒᆞ야後世에至ᄒᆞᆫ즉事를可히
知치못ᄒᆞᆯ지니歸ᄒᆞ야汝主에게語ᄒᆞ야可히吾의時에及ᄒᆞ야城과郭을完ᄒᆞ게ᄒᆞ고

甲과兵을繕ᄒᆞ고要害를據守ᄒᆞ야子孫의計를爲ᄒᆞ라謨ㅣ歸ᄒᆞ야써唐主에게告ᄒᆞᆫᄃᆡ唐主ㅣ이에金陵에城을ᄒᆞ고무릇모든州와城에完全치못ᄒᆞᆫ者를葺ᄒᆞ고戍兵이少ᄒᆞᆫ者를益ᄒᆞ다

溫公曰或問臣五代帝王唐莊宗周世宗皆稱英武二主孰賢臣應之曰莊宗善戰者也故能以弱晉勝彊梁既得之曾不數年外內離叛置身無所誠由知用兵之術不知爲天下之道故也世宗以信令御羣臣以正義責諸國王環以不降受賞劉仁贍以堅守蒙褒嚴續以盡忠獲存蜀兵以反覆就誅馮道以失節被棄張美以私恩見疎江南未服則親犯矢石期於必克既服則愛之如子推誠盡言爲之遠慮其宏規大度莊宗豈得同日語哉書曰無偏無黨王道蕩々又曰大邦畏其力小邦懷其德世宗近之矣

周主ㅣ立皇子宗訓ᄒᆞ야爲梁王ᄒᆞ다癸巳에周主世宗이殂ᄒᆞ다 世宗이在藩에多務韜晦러니及即位에破高平之寇ᄒᆞ니人이始服其英武ᄒᆞ고其御軍에號令이嚴明ᄒᆞ야人莫敢犯ᄒᆞ고攻城對敵에矢石이落其左右ᄒᆞ야人皆失色而世宗은略不動容ᄒᆞ고應機決策이出人意表ᄒᆞ고又勤於爲治ᄒᆞ야百司簿籍을過目에無所忘ᄒᆞ고發奸擿伏(에釋義擿他歷反挑也伏隱也凡隱匿者爲動發之) 聰察如神ᄒᆞ고閑暇則召儒者ᄒᆞ야讀前史ᄒᆞ야商確

大義ᄒᆞ고 釋義確訖岳反博求義理當否也 性이 不好絲竹珍玩之物ᄒᆞ며 常言ᄒᆞ되 太祖ㅣ養成王峻王殷之惡ᄒᆞ야 致君臣之分이 不終故로 羣臣이 有過則面責之ᄒᆞ야 服則赦之ᄒᆞ고 有功則厚賞之ᄒᆞ고 文武를 參用ᄒᆞ야 各盡其能ᄒᆞ니 人無不畏其明而懷其惠故能破敵廣地ᄒᆞ야 所向無前이러라 然이나 用法이 大嚴ᄒᆞ야 羣臣職事ㅣ 小有不擧면 往往에 寘之極刑ᄒᆞ야 雖素有才幹聲名이나 無所開宥ᄒᆞ고 尋亦悔之ᄒᆞ니라 末年에 浸寬이러라 登遐之日에 遠邇哀慕焉ᄒᆞ더라

周主ㅣ皇子宗訓을立ᄒᆞ야梁王을삼다癸巳에周主世宗이殂ᄒᆞ다世宗이潛에在ᄒᆞᆷ의多히韜晦을務ᄒᆞ더니및位에即ᄒᆞᆷ의高平에寇를破ᄒᆞ니人이비로소그英武를服ᄒᆞ고그御軍에號令이嚴明ᄒᆞ야人이敢히犯ᄒᆞ지못ᄒᆞ고城을攻ᄒᆞ고敵을對ᄒᆞ미矢石이그左右에落ᄒᆞ야人이다色을失ᄒᆞ되世宗은略히容을動치안니ᄒᆞ고機를應ᄒᆞ고策을決ᄒᆞ미人에意表를出ᄒᆞ고또治ᄒᆞᆷ에勤ᄒᆞ야百司에簿와籍을目에過ᄒᆞ미忘ᄒᆞᄂᆞᆫ바無ᄒᆞ고奸을發ᄒᆞ고伏을擿ᄒᆞᆷ의聰察ᄒᆞ미神과如ᄒᆞ고閒暇ᄒᆞᆫ즉儒者를召ᄒᆞ야前史를讀ᄒᆞ야大義를商確ᄒᆞ고性이絲竹과珍玩에物을不好ᄒᆞ며常히言ᄒᆞ되太

祖ㅣ王峻과王殷의惡을養成ᄒᆞ야君臣의分을致홈이終치못ᄒᆞᆫ故로羣臣이過ㅣ有ᄒᆞᆫ則面ᄒᆞ야責ᄒᆞ야服ᄒᆞᆫ則赦ᄒᆞ고功이有ᄒᆞᆫ則厚히賞ᄒᆞ고文武를參用ᄒᆞ야各기그能을盡ᄒᆞ니人이그明을畏ᄒᆞ고그惠를懷ᄒᆞ지아니홈이無ᄒᆞᆫ故로能히敵을破ᄒᆞ고地를廣ᄒᆞ야向ᄒᆞᄂᆞᆫ바에前이無ᄒᆞ더라然이나法을用홈이大嚴ᄒᆞ야羣臣에職事ㅣ조곰擧ᄒᆞ지아니홈이有ᄒᆞ면往往이極刑에寘ᄒᆞ야비록본ᄃᆡ才幹과聲名이有ᄒᆞ나宥를開ᄒᆞᄂᆞᆫ바이無ᄒᆞ고마참ᄯᅩᄒᆞᆫ悔ᄒᆞ더니末年에浸寬ᄒᆞ더라登遐ᄒᆞᄂᆞᆫ日에遠邇가哀慕ᄒᆞ더라

甲午에宣遺詔ᄒᆞ야命梁王宗訓ᄒᆞ야即皇帝位ᄒᆞ니生七年矣러라

甲午에遺詔를宣ᄒᆞ야梁王宗訓을命ᄒᆞ야皇帝位에即ᄒᆞ니生이七年이러라

周世宗이仍歲征伐ᄒᆞᆯ서宋太祖ㅣ累立大功ᄒᆞ고加以法令이嚴明ᄒᆞ니士卒이畏服ᄒᆞ고恭帝ㅣ幼冲ᄒᆞ니中外物情이皆附于太祖ᄒᆞ야密有推戴之意러라

周世宗이歲를仍ᄒᆞ야征伐ᄒᆞᆯ서宋太祖ㅣ累히大功을立ᄒᆞ고加ᄒᆞ야써法令이嚴明ᄒᆞ니士卒이畏服ᄒᆞ고恭帝ㅣ幼冲ᄒᆞ니中外에物情이다太祖에附ᄒᆞ야密히推戴ᄒᆞᆯ意가有ᄒᆞ더라

恭帝(名宗訓 世宗長子) 在位半年禪于宋

(庚申)(周恭帝仍稱顯德七年正月宋太祖皇帝建隆元年○是歲周禪于宋) 正月에 鎭定驛이 告호되 河東劉鈞이 結遼兵入寇라호니 周主命宋太祖北征호되 至陳橋驛호야 諸將이 擁逼南歸호야 自仁和門入이어늘 宋太祖ㅣ 歸公署호니 宰相范質等이 詣崇元殿호야 召文武百僚호야 至晡班定호서 周恭帝ㅣ 自內로 降制曰天生蒸民에 樹之司牧이라 二帝는 惟公而禪位호고 三王은 乘時而革命호니 其極이 一也라 予末小子遭家不造호야 人心이 已去호고 天命有歸라 咨爾歸德軍節度使殿前都點檢趙某는 禀上聖之姿호고 有神武之略호야 佐我高祖호야 格于皇天호고 逮事世宗호야 功存納麓호고 東征西怨호야 厥績이 懋焉호니 天地鬼神이 享于有德호고 謳歌獄訟이 歸于至仁이라 應天順人호야 法堯禪舜호니 如釋重負라 予ㅣ 其作賓호노니 嗚呼欽哉호라 祗畏天命호노라(陶穀所撰也) 宣徽使ㅣ 引宋太

祖ᄒᆞ야就龍墀ᄒᆞ야聽命訖에宰相이掖宋太祖升殿이어늘由東序로服御服登座ᄒᆞ니羣臣이朝賀ᄒᆞ더라詔ᄒᆞ야改周顯德七年ᄒᆞ야爲建隆元年ᄒᆞ고國號를大宋이라ᄒᆞ니正月五日也러라

庚申正月에鎭定驛이告ᄒᆞ되河東劉鈞이遼에兵을結ᄒᆞ야入寇ᄒᆞᆫ다ᄒᆞ거늘周主ㅣ宋太祖를命ᄒᆞ야北征ᄒᆞᆫ되陳橋驛에至ᄒᆞ야諸將이擁逼ᄒᆞ야南으로歸ᄒᆞ야仁和門으로붓허入ᄒᆞ거늘宋太祖ㅣ公署로入ᄒᆞ니宰相范質等이崇元殿에詣ᄒᆞ야文武百僚를召ᄒᆞ야晡에至ᄒᆞ야班이定ᄒᆞᆯ식恭帝ㅣ內로붓허制를降ᄒᆞ야曰天이蒸民을生ᄒᆞᆷ이司牧를樹ᄒᆞᆫ지라二帝ᄂᆞᆫ公을推ᄒᆞ야位를禪ᄒᆞ고三王은時를乘ᄒᆞ야命을革ᄒᆞ니그極ᄒᆞᆷ이一이라予의末小子ㅣ家의不造ᄒᆞᆷ을遭ᄒᆞ야人心이임의去ᄒᆞ고天命이歸ᄒᆞᆷ이有ᄒᆞᆫ지라咨ᄒᆞᆸ다너歸德軍節度使殿前都點檢趙某ᄂᆞᆫ上聖의姿를稟ᄒᆞ고神武의略을有ᄒᆞ야우리高祖를佐ᄒᆞ야皇天에格ᄒᆞ고世宗을逮事ᄒᆞ야功이納麓에存ᄒᆞ고東을征ᄒᆞ민西이怨ᄒᆞ야厥績이懋焉ᄒᆞ니天地鬼神이有德ᄒᆞᆫ데享ᄒᆞ고謳歌獄訟이至仁ᄒᆞᆷ에歸ᄒᆞᄂᆞᆫ지라天을應ᄒᆞ고人을順ᄒᆞ야堯에禪舜ᄒᆞᆷ을法ᄒᆞ니重負를釋ᄒᆞᆷ과如ᄒᆞᆫ지라予ㅣ그賓을作ᄒᆞ노니嗚呼欽哉ᄒᆞ라天命을祗畏ᄒᆞ노라宣徽使ㅣ宋太祖를引ᄒᆞ야龍墀에就ᄒᆞ야聽命ᄒᆞ기를訖ᄒᆞᆷ의宰相이宋太祖를掖ᄒᆞ야殿에升ᄒᆞ거늘東序로由ᄒᆞ야御服을服ᄒᆞ고座에登ᄒᆞ니羣臣이朝賀ᄒᆞ더라詔ᄒᆞ야周顯德七

年을改ᄒᆞ야建隆元年이라ᄒᆞ고國號를大宋이라ᄒᆞ니正月五日이러라

詳密註釋通鑑諺解卷之十五 終

詳密註釋 通鑑諺解 卷之十五

重版 印刷●2001年 7月 1日
重版 發行●2001年 7月 5日

校 閱●明文堂編輯部
發行者●金 東 求
發行處●明 文 堂
서울특별시 종로구 안국동 17~8
대체 010041-31-001194
전화 (영) 733-3039, 734-4798
(편) 733-4748
FAX 734-9209
Homepage www.myungmundang.net
E-mail om@myungmundang.net
등록 1977. 11. 19. 제1~148호

값 6,000원
ISBN 89-7270-648-5 94910
ISBN 89-7270-049-5(전15권)

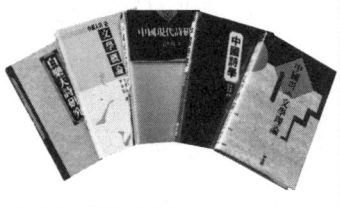

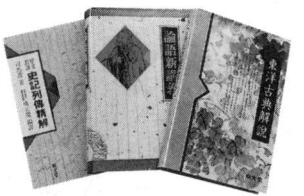

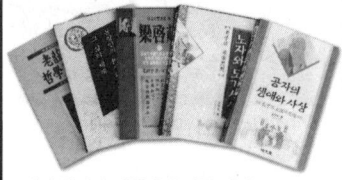

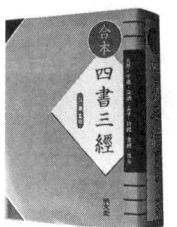

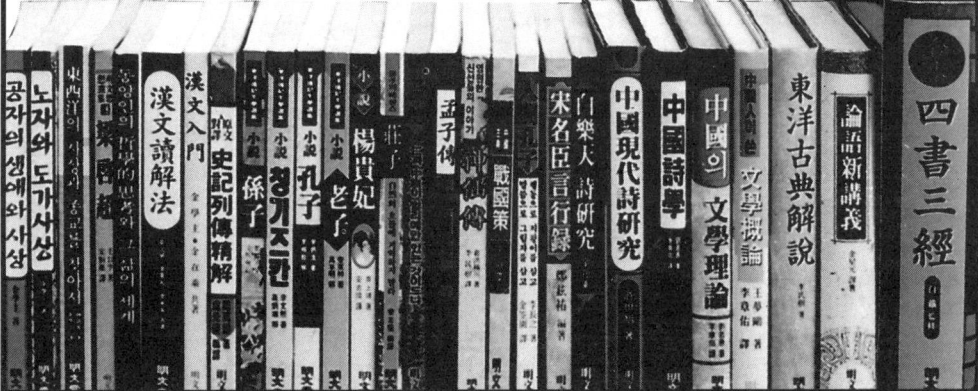

新譯 後三國志

인간 군상의 다채로운 대서사시

보라! 천추의 한을 품고
불모의 땅으로 피했던 촉한의 후예들이
다시 칼을 갈고 힘을 길러 중원에서 벌이는
지혜와 용맹의 각축전을……

제1권 망국원한편 제4권 진조멸망편
제2권 와신상담편 제5권 권세변전편
제3권 촉한부흥편

李元燮 譯/신국판/전5권

新譯 反三國志

모든 正史는 거짓이다!

反三國志는 正史의 허구를
날카롭게 파헤친
三國志 속의 반란이다.

역사의 수레바퀴가 어디로 굴러가는지
그 누구도 알 수 없다.
단지 우리는 예측할 뿐이다.
전후 사백 년을 거쳐 번영을 누린 한제국도
후한 말 쇠퇴일로를 걷게 되는데……

周大荒 著/鄭銨祐 譯/전3권

小說 楚漢誌

역사 속의 명작!

역사의 뒤안으로
사라져 간 영웅들

바야흐로 수많은 영웅 호걸들이
우후죽순처럼 일어나 천하의
패권을 놓고 다툴 때
역사의 수레바퀴를
돌려놓은 자는 누구인가?

金相國 譯/신국판/전5권

儒林外史

사회, 정치풍자소설의
古典 유림외사

**《阿Q正傳》의 작가 루쉰이
중국 풍자소설의
효시라고 극찬한 《儒林外史》!
《삼국지》·《수호지》를
능가하는 다양한
인간군상들의 활극장!**

중국 풍자소설의 진수!

부귀공명의 언저리를 장식하는 아부·교만·권모술수,
그리고 그 속에 우뚝 선 청아한 인격자들!
유림외사는 인간이 보여줄 수 있는 최고의 아름다움과
추함에 대해 풍자의 칼을 대고 있어, 개인주의의 첨단을
달리고 있는 현대인들에게 깊은 감동과 지혜를 준다.

吳敬梓 著/陳起煥 譯/신국판/전3권

后宮秘話

**삼천삼백년의 장구한
중국역사를 화려하게,
피눈물나게 장식했던
후궁·궁녀들의
사랑·횡포·애증, 그리고
권모술수의 드라마!**

경국지색들의 실체 해부

중국의 역대 제왕들은 어느 궁녀를 사랑해야 할지 몰라
기상천외의 방법들을 생각해 냈고, 후궁과 궁녀들은
제왕들의 눈에 들기위해 눈물겨운 사투를 벌이게 된다.
은나라의 '달기'에서부터 청말의 '서태후'까지,
역대 왕조의 흥망에 지대한 영향을 끼쳤던 여인들의
파란만장한 일대기!

成元慶 編著/신국판/전3권